나를 사랑하는 일에 서툰 당신에게

나를 사랑하는 일에
서툰 당신에게

내 안의
부정적인 감정과
이별하는 28가지
심리 상담

안정현(마음달) 지음

북라이프

나를 사랑하는 일에 서툰 당신에게

1판 1쇄 발행   2018년 10월 31일
1판 4쇄 발행   2022년 5월 6일

지은이 | 안정현
발행인 | 홍영태
발행처 | 북라이프
등 록 | 제2011-000096호(2011년 3월 24일)
주 소 | 03991 서울시 마포구 월드컵북로6길 3 이노베이스빌딩 7층
전 화 | (02)338-9449
팩 스 | (02)338-6543
대표메일 | bb@businessbooks.co.kr
홈페이지 | http://www.businessbooks.co.kr
블로그 | http://blog.naver.com/booklife1
페이스북 | thebooklife
ISBN 979-11-88850-26-6   03180

비즈니스북스는 독자 여러분의 소중한 아이디어와 원고 투고를 기다리고 있습니다.
원고가 있으신 분은 ms2@businessbooks.co.kr로 간단한 개요와 취지, 연락처 등을 보내 주세요.

인생에서의 진정한 여행은
내면으로의 여행이다.

주변 사람들이 내 안에 감춰진 진짜 모습을 보면 나를 좋아하지 않을 것이라 믿는 이들이 많다. 타인을 믿지 못하고 스스로는 아무것도 확신할 수 없어 가던 길마저 포기하고 싶을 때도 있다. 나의 부족한 부분에만 초점을 맞추다 보면 자신을 사랑하고 돌보는 일은 점점 더 힘들어진다. 누군가의 기대와 타인의 인정에 목마른 사람은 나의 시선이 아닌 타인의 시선에 맞춰 살아가게 된다.

나 역시 나를 사랑하는 일에 서툴렀고 타인을 사랑하는 일도 어려웠다. 내가 아닌 다른 사람이 되고 싶었고 지금과는 다른 삶을 동경하기도 했다. 어쩌면 내 삶의 잣대를 다른 사람이 하는 말에 두고 있었는지도 모르겠다. 매 순간 선택하고 책임져야 하는 어른으로서의 삶은 무겁게만 느껴졌다. 어느 곳에서도 내 자리를 찾기 어려웠다. 일, 연애, 관계 모두 그저 그런 보통의 근사치에도 다다르지 못한 잉여인간의 삶 같았다. 내 삶은 세상의 반짝거리는 것과는 상관이 없어 보였다.

어딘가에 나처럼 배회하는 사람들이 있을 것만 같았다. 그들에게 말을 걸고 싶었다. 그렇게 상담을 시작하게 되었다.

상담이 필요한 이들은 대체로 인생의 터닝포인트가 필요한 전환기를 맞은 이들이다. 이러한 시기를 보내는 사람은 지금 자신의 마음이 연약하다는 사실을 있는 그대로 받아들일 때 비로소 자신만의 정체성을 찾게 된다고 말하고 싶다. 나를 사랑하는 것은 쉽지 않다. 타인에게는 한없이 관대한 사람도 나에게만 엄격해지기도 한다. 이 책이 이러한 마음의 기울기를 바로잡아주었으면 좋겠다.

내 닉네임인 마음달에서 달은 히브리어로 '회복하다, 새롭게 하다'라는 뜻이다. 그러니까 마음달이란 마음을 새롭게 한다는 의미다. 마음이 찌그러진 초승달이든 온전한 보름달이든 어떤 모습도 당신이다. 나는 당신이 자기 안의 온전한 모습뿐만 아니라 어둡고 연약한 모습도 같이 만났으면 좋겠다. 뾰족뾰족 가시가 많은 내담자를 만나면 여전히 힘들고 나 또한 연약한 사람이지만 지금의 내가 앞으로도 오랫동안 상담사이자 글을 쓰는 작가로 살고 싶은 것처럼 말이다.

이 책에 실린 글은 자신을 누군가에게 오롯이 내보일 수 있었던 용기 있는 이들의 이야기를 재구성한 것이다. 이 책을 읽는다고 힘겨운 삶이 금방 달라지지 않을지도 모른다. 인생은 한 발자국씩 걸어가며 조금씩 완성되는 연습 같은 것이기 때문이다.

그렇지만 인생의 전환기에 어두운 사막을 혼자 걸어가느라 나를 사랑하지 못하고 있다면 이 글이 아주 작은 빛이 되었으면 좋겠다. 인생이라는 여행에서 평생 나와 함께 갈 '나'라는 동반자와 잘 걸어가기를 바란다.

마음달 안정현

마음을 들여다보는 일에
서툰 당신에게
나에게 관대해지는 자기자비 연습

제2장

관계를 맺는 일에
서툰 당신에게

관계 불안을 깨고 안전지대 넓히기

제3장

부정적인 감정에
자주 휘둘리는 당신에게
온전한 나, 자존감을 높이는 힘

제4장

앞으로 나아가길
망설이는 당신에게
이유 없는 두려움에서 벗어날 용기

제1장

마음을 들여다보는 일에
서툰 당신에게

나에게 관대해지는 자기자비 연습

나만 인생이 서툰 것 같아요

"오늘은 오늘의 나로서 만족하는 내가 되기를."

"저는 왜 이렇게 잘하는 게 없을까요?"

수민은 입사한 지 몇 달 되지 않았지만 퇴사를 고민하고 있다. 서른 곳 넘는 회사에 입사지원서를 넣었고, 높은 경쟁률을 뚫고 현재 직장에 들어갔지만 막상 일을 시작해보니 이 일을 왜 하는지 의미를 찾을 수 없고 업무도 자신과 맞지 않는 것 같다. 일요일 저녁만 되면 출근 걱정에 가슴이 두근거리고 두통이 밀려온다.

일을 척척 잘해내는 상사들과 주어진 업무를 깔끔하게 마무리하고 칭찬받는 입사 동기를 보며 점점 더 자신감을 잃었고, 빨리 적응하지 못하는 자신이 원망스럽기도 했다. 업무에 대해 상사에게 부정적인 피드백을 받는 날에는 하루 종일 기가 죽었다. 모르는 게 있으면 선배들에게 물어보기라도 해야 하는데, 그것도 모르냐며 야단맞을 것 같아 묻지 않다 보니 실수는 더 잦아졌다. 사수는 신입사원이 의지가 없는 것 같다며 열심히 하라고 쓴소리를 했다. 수민은 왜 자기만 이 모양인지 답답하고 속상했다. 그냥 이대로 퇴사해 여행이나 다녀오고 싶었다.

회사원, 퇴사를 꿈꾸다

2016년 한국경영자총협회에서 전국 306개 기업을 대상으로 조사한 결과, 신입사원 채용 후 1년 내 퇴사율이 27.7퍼센트로 나타났다. 실제로 네 명 중 한 명이 1년을 넘기지 못하고 퇴사하는 것이다.

　중학생을 대상으로 자유학기제가 도입되어 청소년기부터 자신을 탐구할 시간이 주어졌다고 하지만 대부분의 20대는 자신이 무엇을 하고 싶은지, 원하는 일을 하기 위해 무엇부터 해야 하는지도 모른다. 대학을 졸업하기 전부터 구직 활동을 시작해 높은 경쟁률을 뚫고 겨우 신입사원이 되어도 사소한 일만 맡는 데다 일이 서툴러서 성취감이나 보람을 느끼기 어렵고 제대로 해보기도 전에 적성에 맞지 않는다고 생각해버리기도 한다. 경험이 적기 때문에 일이 서툰 게 당연한데도 일을 잘하는 선배들을 보며 자존감이 바닥을 치기도 한다.

어떤 이들은 이런 스트레스를 오랜 시간 버티다 정서적으로 소진되고 결국에는 에너지가 바닥난다. 자신에 대한 이상적인 기대에 미치지 못하는 상황이 지속되면서 좌절감은 더욱 커진다. 결국 조직의 구성원으로 자리 잡기 위한 업무나 지식, 규범, 가치관을 학습해가는 조직 사회화에 실패하고 이직을 꿈꾼다. 워라밸Work&Life Balance(일과 삶의 균형)을 이루며 살고 싶지만 이상에 그치고 마는 것이다.

불안에서 벗어나기 위한 자기위로 능력

드라마 〈그녀는 예뻤다〉의 주인공 혜진은 패션잡지사에 비정규직으로 입사한다. 입사한 첫날부터 그녀는 동료들의 언어가 외계어로 들린다. 처음 들어보는 낯선 패션 용어들에 당황하다가 회의 내용도 제대로 정리하지 못하고 동료들에게 무시당한다. 그런 상황을 벗어나고 싶었던 혜진은 친구에게 고민을 털어놨고, 출근 버스에서 패션 관련 공부를 하면서 업무 능력을 조금씩 키워간다.

처음 일을 시작할 때는 불안이나 긴장 같은 불쾌한 정서를 자주 경험하게 된다. 이때는 자기위로 능력self-soothing ability이 필요하다. 이것은 다른 사람의 요구에 자신을 잃지 않으면서 스스로 감정을 달래고 위로하는 능력이다.

심리학 박사 에드워드 글래스먼Edward. J. Glassman은 자기위로 능력을 네 가지로 정의했다. 자신이나 타인의 신체를 접촉함으로써 위로받는 능력, 자신의 어려움에 대해 타인에게 솔직하게 이야기하고 위로받는 능력, 타인이 위로해주는 것을 수용하는 능력, 힘든 상황에서 벗어나는 힘이 있거나 스스로 위로하는 능력이다.

혜진은 고민이 생겼을 때 쌓아두지 않고 친구에게 솔직히 털어놓았기에 회복이 빨랐다. 반면 앞 사례에 등장했던 수민은 그렇지 못했다. 학교에 다닐 때는 성적이 좋은 편이었고 공부에 자신이 있었는데, 회사에서는 동기들에 비해 뒤처지고 업무에 빨리 적응하지 못하면서 극심한 스트레스를 받았고 이를 주변과의 관계를 통해서도 극복하지 못하고 회피하는 모습을 보였다. 이 과정에서 자존감이 더욱 떨어졌다. 이 경우 부정적인 감정을 피하지 않고 현재 자신이 두려워하는 것이 무엇인지, 자신이 정말 원하는 것이 무엇인지 살펴볼 필요가 있다. 수민의 생각을 들여다본 결과, 일을 잘하고 싶다는 소망과 주변 사람들로부터 인정받고 싶다는 욕구가 있었다.

사람은 사회 환경 속에서 서로 관계를 맺으면서 성장해간다. 심리학자 에이브러햄 매슬로Abraham H. Maslow는 인간의 욕구를 다섯 단계로 나눠 설명했다. 하위 욕구에서 상위 욕구로 올라가는데 가장 하위 단계인 1단계는 생리적 욕구, 2단계는 안전의 욕구, 3단계는 사랑의 욕구, 4단계는 존중(인정)의 욕구, 가장 상위 단계인 5단계는 자아실현의 욕구다. 그중 존중(인정)의 욕구는 타인으로부터 받아야 하며 이것이 충족될 때 우리는 자존감을 잃지 않는다.

업무 성과가 좋으면 조직의 인정을 받는 건 당연하지만 신입사원이 처음부터 그렇게 되기는 힘들다. 무술을 배우러 소림사에 간 수도승들이 처음부터 권법을 배우지 않고 물을 기르고 장작을 패는 것부터 시작하듯이, 회사에서도 들어가자마자 번듯한 업무를 맡기는 어렵다.

내 경우를 예로 들면, 상담사가 되기 위한 과정도 비슷하다. 심리학회에 소속된 상담심리 전문가는 석사 졸업 후 최소 3년의 수련 과정이 필요하다. 최소 400회기 이상의 상담을 하고, 개인 상담과 관련해서 50회 이상의 수퍼비전(상담 경험이 많은 수

퍼바이저 자격을 가진 상담사가 경험이 적은 상담사의 사례를 지도, 감독, 교육하는 것)을 받는데 이때 자신이 상담하는 데 부족한 부분을 잘 들으면 상담사로서 성장할 수 있다. 즉, 피드백을 잘 들어야 한다. 스스로 실력이 부족함을 인식해야 하고, 학술지에 논문도 내야 하기에 모든 과정을 거쳐 상담심리 전문가가 된 사람은 2018년 현재 1,300명이 넘는 정도다.

서툴러도 포기하지 않는 법

일이 서툴 때 포기하지 않고 자신을 지키려면 어떻게 해야 할까?

첫째, 일을 시작한 지 얼마 안 되어 서툴다는 것을 인정해야 한다. 다른 사람보다 배우는 속도가 느리다면 느린 자신을 받아들여야 한다. 대신 다른 사람보다 좀 더 시간을 들여서 일하면 된다. 변화보다 현재의 내 모습을 있는 그대로 받아들이는 것이 중요하다. 잘하고 싶다는 마음에 부담을 갖고 지금의 생각이나 기분을 비판하기보다는 알아차리는 마음이 필요하다. 불안을 회피하지 말고 바라보는 것이다.

둘째, 문제를 피하지 말고 '잘한다'는 것이 구체적으로 무엇인지 생각해보자. 서툰 자신의 모습을 보는 것이 힘든가? 꼭 잘해야만 하는 이유는 무엇인가? 인지 치료의 선구자 앨버트 엘리스Albert Ellis는 '나는 능력 있고 유능한 사람이 되어야 한다', '나는 내가 만나는 사람들에게 반드시 인정받아야 한다' 같은 융통성 없는 사고의 문제에 대해 이야기했다. 이런 생각을 자주 한다면 스스로를 힘들게 하고 있을 수도 있다.

어떤 TV 예능 프로그램에 나온 일화다. 모 개그맨이 길에서 만난 아이에게 훌륭한 사람이 되라고 덕담을 하자, 옆에 있던 이효리 씨가 이렇게 말했다. "훌륭한 사람 말고 아무나 돼!" 이 말을 듣고 내 마음이 다 편해졌다. 훌륭한 사람이 아니라 그냥 나라도 괜찮다는 이야기다. '훌륭한 사람이 되어야 한다, 잘해야 한다'는 생각이 '나는 왜 이럴까'라는 자책으로 이어지면 자신을 괴롭히는 생각이 된다. 인정받고 싶은 마음이 자신을 옥죄는 감독관이 되면 의욕은 점점 떨어진다.

셋째, 자신의 장점과 단점을 파악해야 한다. 잘하고 싶고 실력을 발휘하고 싶은 부분이 어디인지 생각해보자. 물론 신입일 때는 잘하고 싶어도 경험이 많은 선배를 따라가기는 힘들다. 선배와 자신을 비교하지 말고 어제보다 조금 더 실수가 줄고 나아졌다면 그걸로 충분하다고 생각하자. 또한 어떤 부분에서 부족하고 실수가 반복되는지 살펴보자. 단순히 생각하는 데 그치지 말고 구체적으로 적어보는 게 좋다. 모호하게 생각하면 모호한 결론밖에 나지 않는 법이다. 일을 못한다고 자책하면서 바닥을 치고 있다면 이런 구체적인 기록이 도움이 된다.

넷째, 자신과 비교되는 사람을 관찰한다. 그 사람의 어떤 점이 나보다 나은지, 어떤 점을 본받고 싶은지 생각해보자. 수민이 부러워했던 선배와 동료 들은 많은 시간을 일에 쏟았을 것이다. 누구나 잘할 수 있다는 자신감이 생기기까지 오랫동안 좌절하고 실수한다. 말콤 글래드웰Malcolm Gladwell의 《아웃라이어》를 보면 세상에 노력하지 않은 천재는 없다는 것을 알 수 있다. 비틀스도 유명해지기 전 수많은 시간을 공연에 투자했다. 대부분의 사람은 특별한 재능을 갖고 태어난 게 아니라 오래도록 공들여 노력해 결과를 맺는다.

다섯째, 최선을 다했는데도 일이 맞지 않는다면 다른 길을 고민해야 한다. 고민만 하고 이도 저도 못 하는 게 아니라 현재 하는 일이 맞지 않음을 인정하고 다른 길을 갈 수도 있다. 〈그녀는 예뻤다〉의 혜진은 패션잡지사에서 능력을 인정받지만 우연히 동화작가 인터뷰를 하면서 자신이 정말 좋아하는 일이 기자가 아님을 알게 된다. 동화작가가 자신이 원하던 일이라는 걸 깨닫고 새로운 꿈을 향해 도전한다.

무엇보다 자신이 원하는 가치가 무엇인지 찾는 게 중요하다. 나 역시 수민처럼 일이 서툴러 자책하고 포기해버릴까 고민한 적이 많다. 그러나 상담하면서 알게 된 사실은 매주 1회씩 빠지지 않고 꾸준히 상담하는 내담자들은 점차 자신이 원하는 모습으로 변화한다는 것이다. 그들은 힘들어도 포기하지 않았고 문제의 원인을 타인에게서만 찾지도 않았다. 그들을 보면서 글쓰기에 재능 없는 나 또한 작가로서 한 걸음씩 나아가고 있다.

　그리고 종종 스스로에게 이런 말을 해주는 것이 필요하다.

　"그냥 해보는 거지, 뭐."

　할 수 있는 만큼 했는데 안 되면 "다음번에 더 잘해보자."라고 하면 된다. 지금 이렇게 노력하는 나에게 격려의 말을 건네자. 오늘은 오늘의 나로서 만족하는 내가 되기를 바란다. 누구나 인생은 처음이라 서툴다.

열등감이 발목을 잡을 때

"지금 여기에서 할 수 있는 일부터 시작하라."

혜미는 통통한 외모가 마음에 들지 않아서 다이어트를 여러 번 시도했지만 실패했다. 월급은 늘 통장을 잠시 스쳐가다 보니 모아놓은 돈은 없고 과감하게 외모를 바꿀 용기도 없었다. 지금보다 예뻐져서 열등감만 사라지면 모든 게 달라질 것 같았다.

남보다 못하다고 느끼는 열등감은 대부분의 사람이 갖고 있다. 키가 작아서, 뚱뚱해서, 공부를 못해서, 못생겨서, 엄마의 사랑을 받지 못해서, 출신 학교가 보잘것없어서… 우리는 다양한 이유로 열등감을 느낀다. 멋진 외모에 학별도 좋고 늘 빛나 보이는 사람도 때로 열등감으로 바닥을 친다. 그의 열등감은 다른 사람들이 생각하지 못하는 것일 수 있다. 이러한 감정은 상대적이어서 다른 이에게는 선망의 대상이 되는 조건이 누군가에게는 열등감의 원인이 되기도 한다.

하지만 한번 열등감에 사로잡히면 아무것도 할 수 없고 점점 쪼그라드는 것만 같다. 나만 세상에서 제일 힘든 것 같고 서글퍼진다. 자신에게 결핍된 것만 보기 시작하면 내가 가진 소중한 것들은 보이지 않고 남을 질투하기 바쁘다.

형제순위 열등감

"동생이 너무 예뻤어요. 게다가 공부까지 잘했죠. 항상 예쁘다는 말을 들었어요. 맞벌이하는 부모님은 아이 둘을 돌보기 힘들다고 나를 시골 할머니 댁에 맡겼어요. 동생은 부모님과 같이 살고요. 초등학교에 들어가면서 다시 부모님과 살게 되었는데 얼마나 울었는지 몰라요. 부모님과 동생은 정말 낯설었거든요."

혜미는 '무녀리' 같았다. 무녀리란 짐승이 가장 먼저 낳은 새끼를 말한다. 첫 새끼는 태어나면서부터 어미의 자궁을 뚫고 나오느라 진을 다 뺀다. 태어나면 젖을 빨기도 힘들 정도로

비실비실하고 기운이 없어서 말이나 행동이 어눌한 사람을 가리킬 때도 이 말을 쓴다. 혜미는 키도 크고 날씬했지만 매력적인 동생 때문에 자신의 아름다움을 보지 못했다. 상담을 하다 보면 형제보다 못하다며 부모의 사랑에 허기진 무녀리들을 만난다.

알프레드 아들러Alfred Adler는 태어난 순서에 따른 성격을 연구하며 심리적인 환경은 출생 순서에 있다고 말했다. 맏이는 태어날 때 가장 많은 관심을 받지만 동생이 태어나면 관심은 금방 이동하게 된다. 부모의 사랑이 나뉘면서 폐위된 왕처럼 비참해진다. 첫째답게 행동하도록 요구받고 성실함과 책임감도 강요당한다. 둘째는 태어나면서부터 첫째와 경쟁해야 한다. 가운데는 형제 사이에서 충분한 사랑을 받지 못하는 것 같아서 힘겨워한다. 뭔가 잘하지 않으면 안 될 것 같은 마음 때문에 경쟁심이 많은 편이지만 덕분에 자신의 분야에서 전문성을 드러내기도 한다. 막내는 가장 많은 관심을 받고 집안의 마스코트 역할을 한다. 책임감에 대한 강박 없이 하고 싶은 일을 하는 경향이 있으며 특이한 행동 양식을 보이기도 한다. 외동은 무대의 중앙에서 관심을 많이 받고 어른을 대하는 방법을 알아서 어른스럽고 독립적이거나 반대로 의존적이 되기도 한다.

물론 생물학적인 출생 순서로 특정 성격을 완벽히 판단할 수는 없다. 다만 가족 안에서 출생 순서에 따른 심리적인 위치를 파악하고 어떠한 성격을 형성해왔는지 살펴보는 것은 도움이 된다.

누구에게나 있는 열등감

열등감은 대개 7~12세 사이에 나타나기 시작한다. 아들러는 '열등'은 보통보다 못하거나 다른 사람과의 객관적 비교에서 나타나지만 '열등감'은 주관적인 평가에서 나온다고 했다. 우리는 어릴 때 세 가지 이유로 열등감을 경험한다.

첫째, 신체적으로 결함이 있을 때 자신의 신체에 지나치게 관심을 갖게 된다. 둘째, 응석받이로 자랐을 때 스스로 문제를 해결할 자신이 없어진다. 셋째, 부모로부터 무시당한 경험이 많을 때 스스로 가치가 없다고 생각하게 된다.

열등감은 누구나 갖고 있다. 그러나 어떤 사람은 열등감으로 자신과 타인을 지치게 하기도 한다. 바로 자기연민에 빠진 사람들이다. 이런 사람들은 자신이 세상에서 가장 불행하다고 생각하며 행동한다. 어릴 때는 울기만 해도 부모나 어른들이

도와주었지만 성인이 되어서는 이제 그런 미숙한 상태에서 벗어나야 한다.

오래전부터 알고 지낸 지인 중 한 명은 어린 시절 소아마비를 앓아 한쪽 다리가 불편해 잘 걷지 못한다. 남편과는 사별했고, 자녀 없이 치매에 걸린 강아지를 키운다. 어떤 이들은 외롭고 불행하다고 말하겠지만 그 분은 자신에게 없는 것과 다리의 불편함에 연연하지 않고 오늘 하루의 삶에 집중하며 산다. 피아노 레슨을 하는데 아이들을 야단치기보다 늘 격려하고, 사람들을 만나서도 가르치려 하기보다 그들의 이야기에 귀 기울이고 공감해주기 때문에 누구나 그를 좋아한다. 만일 자신이 가지고 있는 장애나 혼자 살고 있는 처지를 비관만 했다면 결코 그렇게 살아갈 수 없을 것이다. 나는 그분을 보며 오늘 하루, 지금의 삶을 받아들이며 산다는 건 어쩌면 무엇에 기준을 두고 살 것인가 하는 선택의 문제가 아닐까 하는 생각이 들었다.

열등감을 탁월함으로 바꾸려면

열등감을 극복하려면 자신의 부족함을 이해하고 수용해야 한다. 누군가와 비교하느라 점점 작아질 때 숨어 있지 말고 삶의 부족함을 받아들이고 나아가는 것이다. 그러면 열등감은 더 나은 자신을 찾아가는 원동력이 된다.

맥스 루케이도Max Lucado가 쓴 동화 《너는 특별하단다》에는 나무 사람 웸믹이 등장한다. 그들은 서로 상자를 들고 다니며 잘하면 금빛 별표, 못하면 잿빛 점표를 붙이며 하루를 보낸다. 재주 없는 주인공 펀치넬로는 항상 잿빛 점표만 가득 붙어 우울하고 밖에 나가기가 두렵다. 그러다 우연히 별표도 점표도 없는 루시아를 만나면서 이제는 어떤 표도 받고 싶지 않다고 생각한다. 펀치넬로는 자신을 만든 목수 아저씨를 찾아갔다. 그는 펀치넬로에게 '너는 특별하다'고 말한다. 다른 이들이 나를 어떻게 생각하는지는 중요하지 않다고 생각할수록 몸에서 표가 사라질 것이라고 했다. 목수의 말을 믿는 순간 펀치넬로의 몸에서 잿빛 점표가 떨어져 나간다.

열등감을 극복하려고 노력하다 보면 남들보다 탁월해질 수도 있다. 단, 내가 할 수 없는 일은 내려놓고 할 수 있는 일을 선택하면 된다. 후회도, 미련도 많고 멋진 사람이 될 수 없다고 해도 하루를 열등감 때문에 날려버리기는 억울하지 않은가. 부족함이 있다면 받아들이되 내 삶의 걸림돌이 되지 않도록 지금 여기서 할 수 있는 일부터 시작하길 바란다.

눈물이 멈추지 않아요

"슬픔을 꽉 안아주면 내 안의 숨은 빛이 드러난다."

"선생님, 이유 없이 자꾸만 눈물이 나요. 버스를 타고 가다가 눈물이 흘렀는데 집에 와서도 멈추지 않아서 가족들 앞에서 당황스러웠어요. 이유는 저도 잘 모르겠어요. 제가 그렇게 약한 사람이 아니거든요. 병원에 갔는데 눈에 특별한 이상은 없다고 해서 여기로 왔어요."

주희는 명문대를 나와 대기업에 입사했다. 고등학생 때는 우등생으로 전 과목이 1등급이었고 대학에 입학해서는 영어 회화 동아리에서 적극적으로 활약했다. 회사에서도 다른 동기들보다 열심히 일했다. 살면서 단 한 번도 실패해본 적이 없었던 그녀는 늘 밝았고 사람들과도 잘 지냈지만 정작 자신의 마음을 돌볼 시간은 없었다.

주희는 어려서부터 부모님에게 세상은 만만하지 않은 곳이라며 '약한 모습을 보이지 마라', '남들에게 얕보이면 안 된다'는 말을 듣고 자랐다. 늘 남 앞에서 좋은 모습만 보이라고 배웠기에 친구들의 고민은 잘 들어주었지만 자신의 속마음을 털어놓기는 힘들었다. 오래 사귄 남자 친구와 헤어진 일도 아무렇지 않은 척 넘어갔고, 다른 누군가를 만나면 괜찮을 거라 생각했다. 그러던 어느 날 이유도 없이 눈물이 나기 시작했다. 눈물이 온몸에 가득 차서 더 이상 견딜 수 없는 상태가 되어서야 그녀는 비로소 자기 안에 숨겨진 슬픔을 볼 수 있었다.

슬픔을 꼭 안아주세요

그림책 《슬픔을 꼭 안아 줘》의 주인공 엘자는 어느 날 아침 침대 아래에 있는 커다란 회색빛 슬픔을 만난다. 악몽을 꾸는 건가 싶어 눈을 감았다가 떠도 슬픔은 그 자리에 있다. 슬픔을 피해 방을 빠져나가지만 슬픔은 폭풍우, 고양이, 늑대, 모기의 모양으로 엘자의 뒤를 쫓아다닌다. 엘자는 슬픔이 잠들 때를 기다렸다가 꽁꽁 묶어서 쓰레기 더미에 던지지만 슬픔은 마법

사처럼 끈을 풀고 나온다. 결국 엘자는 눈물을 펑펑 쏟으며 더 이상 슬픔을 무시하지 않고 말을 걸고 안아준다. 그러자 슬픔은 조금씩 작아진다.

슬픔은 누구에게나 찾아올 수 있다. 하지만 연약한 자신의 모습을 순순히 받아들이는 사람은 드물다. 게다가 바쁘게 돌아가는 일상 속에서는 자신의 감정을 제대로 살펴볼 여력이 없다. 그래서 슬픔의 느닷없는 공격을 받으면 속수무책이 되곤 한다.

삶에서 일어나는 모든 증상에는 이유가 있다. 그러나 많은 이들이 슬픔과 고통 등 부정적인 감정을 모른 척하거나 엘자처럼 피하려 한다. 왜 그런 증상이 나타나는지 들여다보지 않고 서둘러 밝은 모습으로 돌아가고자 한다.

주희 역시 눈물을 빨리 그치는 방법만 찾으려고 했다. 눈물을 흘리는 건 약하고 수동적이라는 인식을 갖고 있기 때문이었다. 슬픔이 갑자기 찾아온 이들 대부분은 연약한 사람이 아니다. 삶의 목표대로 열심히 사는 사람, 누구보다 노력해서 좋은 대학에 들어가고 좋은 직장에 다니는 사람, 하면 된다는 생각으로 늘 앞서나가는 삶을 추구하는 사람이 많다.

갑자기 흐른 눈물이 멈추지 않는 데는 이유가 있다. 눈물은 언어로 표현할 수 없는 정서가 신체적인 언어로 나타나는 증상이다. 어린 시절 감정을 표현하지 못하고 억눌렀던 사람, 충분히 슬퍼해야 하는 시기에 슬픔을 외면했던 사람, 이별을 경험했을 때 애도하지 못하고 살아갔던 사람은 어느 날 갑자기 눈물이 쏟아지는 경험을 통해 그동안 쌓아두었던 감정을 해소한다.

감정에 서툰 당신을 위한 눈물

주희처럼 어느 날 갑자기 눈물이 쏟아져 멈추지 않는 경험은 대체로 삶에 예상치 못한 일들이 생기는 인생의 전환기에 일어난다. 자신이 무엇을 원하는지, 무엇을 힘들어하는지 살펴보지 못하고 바쁘게 살던 사람일수록 부정적인 감정을 표현하는 것이 서툴다. 혹시 감정을 표출하지 않고 눌러버리는 것이 어른스럽다고 생각하고 있다면 그 원인을 들여다볼 필요가 있다.

주희는 항상 타인에게 단단하고 좋은 모습을 보이려고 했다. 따라서 슬픔을 느낀다는 건 약하다는 것이고 약한 모습을 보인다는 건 고통스러운 일이라고 생각할 수도 있다. 어릴 때부터 눈물을 흘려도 위로받지 못했다면 지금까지 눈물을 삼켜

왔을 가능성이 높다.

문제는 부정적 감정을 느끼지 못하면 기쁘거나 즐거운 감정도 느끼지 못할 수 있다는 점이다. 이를 '감정 표현 불능증'Alexithymia이라고 한다. 자신의 감정을 오랜 기간 억눌러 왔던 사람들은 감정 형성과 표출을 관장하는 대뇌변연계와 전두엽의 접속이 제한적으로 이뤄질 수 있는데, 이렇게 되면 자신의 감정뿐만 아니라 타인의 감정도 제대로 느낄 수 없게 된다.

눈물은 정서적인 고통을 경험할 때 중추신경계에서 발생하는데 몸속에 쌓인 유독성 물질을 제거하기도 한다. 프로이트는 눈물이 억압된 부정적인 정서를 해소하고 해결되지 못한 문제를 다루는 데 필요하다고 했다. 제임스 그로스James Gross, 바바라 프레드릭슨Babara Fredrickson, 로버트 레빈슨Robert Levenson 등 세 심리학자는 연구에서 눈물이 자율신경계를 활성화하고 항상성을 회복해주며 고통을 완화한다고 했다. 실제로 눈물을 흘린 후 신체 증상들이 완화되었다는 연구 보고도 있다.

나도 모르게 눈물이 쏟아질 때 억지로 눈물을 참지 않아도 된다. 강한 정서적 경험으로 숨겨져 있던 슬픔이 말을 거는 것일 수도 있으므로 잠시 여유를 가지고 충분히 우는 것이 좋다. 부정적인 감정을 두려워하면서 도망가는 것은 이제 그만두길 바란다. 눈물이 나는 이유가 무엇인지 살펴보면서 부정적 정서를 일으킨 과거의 기억을 만날 필요가 있다. 슬픔을 외면하지 않고 바라보고 안아주면 슬픔도 나를 만나줄 것이다.

상담실에는 늘 티슈가 준비돼 있다. 상담을 하다 보면 많은 이들이 예상치 못한 눈물을 흘린다. 안전하고 편안한 공간에서 상담사의 따뜻한 말에 위로받으며 눈물을 흘리면서 과거와 현재의 경험을 살펴보고 내면의 솔직하고 강렬한 감정을 만난다. 그리고 이 과정을 통해 자신을 좀 더 이해하게 된다. 눈물이 치유제가 된 것이다.

슬픔을 만난 뒤에 얻게 되는 선물

주희는 이유 없이 흐르는 눈물의 정체가 남자 친구와 헤어져서 생긴 좌절감이라는 것을 알게 되었다. 당시에는 슬픔을 느낄 새도 없이 일에만 몰두했다. 그동안 부모나 친구와도 나누지 못했던 속 깊은 이야기를 남자 친구에게는 할 수 있었기에 사실 주희에게 그는 누구보다 중요한 사람이었다. 그를 잃었을 땐 슬퍼할 시간조차 아깝다고 생각했지만 사실은 자신의 마음을 살펴봐야 했던 것이다.

상담을 진행하며 주희는 그가 준 애정과 관심에 감사하고 그를 충분히 사랑하지 못했던 것을 안타까워하는 시간을 가졌다. 그리고 지금은 아니지만 언젠가는 새로운 사람을 만날 수 있으리라고 스스로를 격려했다. 또한 친구나 부모와도 자신의 약한 부분을 조금씩 나누기 시작했다. 그녀도 타인의 이야기를 듣는 것에서 벗어나, 속내를 나누는 친구를 만들었고 자신이 원하는 것도 표현하게 되었다. 그리고 다음에 다른 남자 친구를 만나더라도 그에게만 의존하지 않겠다고 다짐했다.

아울러 주희는 정체성을 찾아갔다. 더 이상 부모가 정해준 목표대로 살지 않겠다고 결심했다. 상담 시간에 자신이 좋아하는 일을 탐색하면서 원하던 분야의 일을 찾았다. 비로소 그녀는 타인이 기대하던 역할에서 벗어나 잠시 쉬어갈 수 있었다.

슬픔을 꼭 안으면 내 안의 숨은 빛이 드러난다. 눈물은 넓은 바다가 되었다가 가만히 바라볼 수 있을 정도로 작아진다. 슬픔을 만나는 건 당신의 숨어 있는 마음을 만나는 것이다.

두려움이 나를 잠식할 때

"나를 사랑하는 용기가 생기면
내 안의 두려움을 쫓을 수 있다."

미호는 가끔씩 찾아오는 회식 자리가 고역이다. 특히 남자들
이 술에 취한 것을 보면 가슴이 두근거리곤 했다. 왜 그런지는
모른다. 어린 시절의 기억을 떠올렸지만 좀처럼 기억이 나지
않았다. 술 마시는 사람을 보면 왜 이렇게 힘든지 도통 알 수
가 없었다.

그러던 어느 날 아버지가 방에서 소주잔을 기울이고 있는
것을 본 순간 격렬한 감정이 올라왔다. 과거에 아버지가 술에
취해 소리를 지르고 엄마를 때렸던 장면, 어린 자신은 무기력
하게 잠자코 숨을 죽이고 있어야 했던 장면이 떠올랐다. 나이
가 들어 아버지와 늘 데면데면했던 이유도 알게 되었다. 당시

아버지는 직장을 잃고 방황하면서 매일 술을 마셨고 친구들도 하나둘 떠났다. 엄마는 아빠가 술을 마시지 않으면 괜찮은 사람이니 어디 가서도 집안 이야기를 하지 말라고 했다.

미호는 가족의 비밀을 묻어야 한다는 엄마의 말을 지켰다. 두려웠던 순간의 부정적 감정을 억압하면서 방어적이고 회피적인 패턴을 사용함으로써 정서적 에너지를 차단했던 것이다. 과거에 해결되지 못한 정서적 반응은 현재까지 이어져 자기도 모르게 힘들게 했다. 고통스러웠던 일을 이야기하고 나니 처음엔 가슴이 찢어지듯 아팠지만 회식 자리가 전보다 힘들지 않았다.

미해결된 정서는 현재에도 영향을 미친다

현재 무엇이 힘든지 이야기하고 묶인 실타래를 푸는 작업은 누구에게나 필요하다. 두렵다고 피하려 할수록 이해할 수 없는 감정에 휩싸일 수 있기 때문이다. 특히 어린 시절 어쩔 수 없이 무기력한 순간에 겪은 일일수록 더욱 그렇다.

나 역시 어찌할 수 없는 사건과 역사 앞에서 무기력해졌던 순간이 있었다. 영화 〈레미제라블〉을 보고 프랑스 혁명기 미술에 관심이 생겨 미술사 강연을 찾아갔을 때였다. 이 강의에서 프랑스 낭만주의 화가 테오도르 제리코Théodore Géricault의 〈메두사의 뗏목〉을 보게 되었다. 이 그림은 프랑스 혁명 이후 식민지를 개척하러 가는 메두사 호 중 세 척이 난파된 내용을 담고 있다. 함장과 귀족들은 자기들만 구명정에 타고 연결되어 있던 뗏목의 줄을 끊어버린다. 400명 중 겨우 149명만 뗏목에 탔지만 결국 굶주림과 갈증으로 대부분 죽고 10명만 살아남았다. 무책임한 지도층을 보면서 어떻게 그런 일이 있을 수 있는지 화가 났다.

몇 년 전 우리나라에는 그보다 더한 세월호 사건이 있었다. 안산은 대학원 시절 놀이 치료를 했던 곳이었다. 내가 만났던 아이 중 누군가 희생되지는 않았을까 염려도 되었고, 왜 그 아이들을 구하지 못했는지 믿어지지 않았다. 심리학회에서 긴급하게 임상 및 상담심리 전문가 자원봉사자를 구한다고 해서 교육을 받으러 갔다. 상담사는 한참이나 늦게 현장에 투입되었다. 미안함과 죄책감으로 단 하루도 마음이 편하지 않았다. 화가 났고, 세상을 믿을 수 없었고, 아이들을 살리지 못한 세상에서 내가 어른이라는 것이 부끄러웠다.

그렇게 시간이 흘렀다. 아이를 잃은 분들을 상담할 때마다 세월호가 떠오르곤 했다. 어느 날 신도림역에서 신호등을 기다리고 있는데 세월호 유가족 분들이 행진하는 모습을 보았다. 뭐라고 말할 수가 없었다. 미안한 마음에 눈물만 나왔다. 그 순간 어린 시절 깊은 물에 빠져 죽을 뻔했던 기억과 초등학교 때 같은 반 친구의 갑작스런 죽음에 대한 기억이 엉켜 떠올랐다. 세월호 사건 때 침묵했던 미안함, 말이 되지 않는 일들에 대한 분노, 그 속에서 무기력했던 나를 볼 수 있었다.

불안을 다루는 방어기제

프로이트는 정신역동 이론psychodynamic theory에서 우리가 내적 긴장과 불안을 다루기 위해 방어기제를 사용한다고 했다. 즉, 너무나 고통스러운 기억과 관련된 감정이 밖으로 나오지 못하도록 억누르는 것이다. 인간의 문제는 생애 초기부터 시작되므로 과거 억압했던 갈등이 무엇인지 찾아야 한다.

상담을 하면서 닫힌 기억들이 떠오르는 사람들이 있다. 불쾌한 생각은 억누르고 있어도 어떤 방식으로든 삶에 부정적인 영향을 미친다. 내담자들은 상담을 하면서 묻어두었던 기억이 올라오면 고통스럽고 힘들어한다.

특히 성과 관련된 피해나 부모로부터 학대받은 기억이 떠오르면 믿고 싶지 않아 괴로워하는 경우가 많다. 이들은 그 기억이 없었던 일이 되었으면 좋겠다고 하거나 때로는 상담을 급히 종결하고 싶어 하기도 한다. 그러나 피하고 보지 않으려고 할수록 점점 더 깊이 파고드는 것이 두려움이다. 그렇기에 숨지 말고 만나야 한다.

두려워했던 순간을 억압하면
어떤 방식으로든 삶에 영향을 미친다

영화 〈검은 사제들〉 포스터의 카피는 '가장 위험한 곳으로 갈 준비가 되었습니다'이다. 이 말처럼 내면으로 깊이 내려가는 작업에는 용기가 필요하다.

신학생 최 부제는 악귀로 힘들어하는 어린 소녀에게 구마의식을 행하다 도망친다. 어린 시절 큰 개에게 동생이 물려 죽은 일이 떠올랐기 때문이다. 잘못은 개를 제대로 묶지 않은 개 주인에게 있었지만 최 부제는 동생만 두고 도망쳤다는 것에 죄책감을 갖고 있었다. 이번에도 소녀를 두고 도망친 그는 어두운 세계에 관심이 없는 평범한 일상으로 돌아가려 한다.

그처럼 내면을 들여다보지 않으려 한다면 물론 그것도 가능하다. 상담을 시작하면서 더 이상 내면을 들여다보기가 두렵다는 사람들이 있다. 그래서 문제 증상이 해결된 것 같으면 상담을 그만두곤 한다.

그러나 최 부제는 결국 두려운 내면을 마주하고 어린 시절의 누이를 만난다. 누이는 그를 미워하지 않는다. 그의 잘못이 아니었고, 그가 할 수 있는 일도 아니었다. 이렇게 내면의 어둠에 발목이 잡혀 멈춰 있는 사람은 최 부제만이 아니다. 묶인 말들, 힘든 기억을 갖고 사는 이들은 어디에나 있다. 피하고 피해도 그때의 일들이 자신을 얽매고 있다면 만나야 한다. 피하지 말아야 한다. 당시에 어떤 일이 일어났는지, 누구에게 책임이 있는지, 내가 할 수 있는 것과 할 수 없는 것은 무엇인지 살펴야 한다. 누군가를 원망해야 한다면 솔직하게 원망할 수도 있다. 자기를 보호하기 위해 정서를 억누르며 참느라 에너지를 쓰면 불안은 더욱 증폭되기만 한다.

과거에 머무르느라 지금 자신이 할 수 있는 것들을 놓치고 있지는 않은가. 그렇다면 신뢰할 만한 누군가에게 솔직하게 털어놓고 힘들었던 감정을 해소해야 한다. 타인을 믿지 못하고 혼자 고립되어 외로워하고 있다면 일기장에 쓸 수도 있다.

영화에서는 신부가 악령의 이름을 계속해서 물어본다. 두려움의 정체를 알아내는 건 두려움을 만날 용기를 낸 사람만이 할 수 있다. 수없이 고통이 반복되고 눈물이 강처럼 흐르고 악몽에 시달리더라도 진실을 마주해야 한다. 그것만이 내 안의 고통받는 아이를 구원할 수 있기 때문이다.

영화 내내 "사랑 안에 두려움이 없고 온전한 사랑이 두려움을 내쫓나니"라는 성경 구절이 생각났다. 진짜 나로 살기 위한 용기는 내가 가장 두려워하는 것을 마주하는 것이다. 진정으로 나를 사랑할 용기를 갖는다면 어두운 내면의 두려움을 분명 쫓아낼 수 있다.

타인의 비판에 기가 죽습니다

"오늘의 의미는 내가 만들어가는 것이다."

"지금 하는 일은 적성에 맞지 않는 것 같아요. 생각과 달리 재미있지 않고 항상 혼나기만 해요. 다른 일을 찾아봐야 할 것 같아요."

혜민은 학창 시절 성적에 맞춰 학과를 선택했다. 무엇을 해야 할지 생각해본 적도 없었다. 막연히 디자인이나 캘리그래피 등 창조적인 일을 하거나 작은 가게를 내고 싶었다. 그러나 가게를 어디에 내고 월세는 얼마인지, 실제 수입은 어느 정도 예상하는지도 고민해보지 않았다. 안정된 직장을 버리고 자유롭게 하고 싶은 일을 하면 행복할 것 같지만 준비 없는 사업이 성공할 것 같진 않다.

그러다 보니 졸업 후 들어간 회사에서도 업무 때문에 자주 핀잔을 들었다. 혜민은 자신의 프로젝트에 대해 부정적인 피드백을 받으면 갑자기 우울해지곤 했다. 마음속에서 '너는 여기 어울리지 않아. 왜 이렇게 일해?'라는 목소리가 들려왔다. 그럴 때마다 위축되고 소외감이 파도처럼 밀려와 자신을 회사에서 먼 곳으로 떠나보내곤 했다.

이럴 때는 충동적으로 당장 회사를 그만두기보다는 준비하는 시간을 가져야 한다. 혜민은 상사의 비난을 견디기 힘들어서 직장을 그만두고 싶어 했다. 학교에 다닐 때는 공부해서 성적만 내면 충분했는데, 직장에서는 혼자 일만 잘한다고 되는 게 아니었다. 다양한 연령대의 사람을 만나고 여러 가지 피드백을 듣는다. 칭찬은 드물고 부정적 피드백을 듣는 일이 다반사다.

혜민은 누군가에게 꾸지람을 듣는 일이 견딜 수 없었다. 물론 누구나 부정적 피드백을 받으면 마음이 상하지만 타인의 평가에 따라 마음 상태가 심각하게 요동친다면 잠시 멈추고 생각해봐야 한다.

비난의 무게를 견뎌라

나 역시 타인의 평가와 반응에 좌지우지된 적이 있다. 대학원에 입학해서 첫 성인 내담자를 만났을 때였다. 그와 1년의 상담 끝에 내담자 입장이 되어 상담을 진행하면 오랜 기간 사회 공포증으로 힘들어하던 사람도 변화한다는 것을 알게 되었다. 어느덧 그에게 친한 친구들이 생기고 표정도 밝아지는 것을 보면서 상담의 의미를 알게 되었다.

2학기 때는 사회복지관에서 파견되는 유급학생 자원상담 봉사자로 일했다. 차비 정도를 받고 서너 시간 정도 학생들을 상담하는 일이었다. 대부분 저소득층 청소년으로 또래 관계가 어렵거나 학교 폭력 가해자이거나 품행장애가 있는 아이들이었다.

인본주의 심리학의 창시자 칼 로저스Carl Rogers는 도토리에 적당한 환경이 주어지면 도토리나무로 성장하는 것처럼, 상담에서도 상담사의 태도와 행동이 내담자의 성장에 영향을 미친다고 했다. 그는 상담에서 중요한 원칙 세 가지를 이야기했는데 적극적 경청, 진솔함, 공감이 그것이다.

아이들은 도토리 같았다. 처음에는 거부 반응을 보이던 아이들도 상담사가 자신을 이해하고 경청하자 조금씩 달라지기 시작했다. 가출을 일삼던 아이들은 또다시 가출했지만 원조교제, 자해 시도, 창문을 깨부수거나 오토바이를 탈취하는 등 극단적 행동은 점점 줄어들었다. 자살을 시도하던 아이가 진로를 고민하고 전문대학까지 입학했을 때는 일에 대한 보람을 느낄 수 있었다.

그런데 1기 국가청소년위원회 동반자 일을 하면서 이런 생각이 무너졌다. 부모로부터 방치되거나 원조교제를 하거나 경찰서를 드나드는 아이들을 만났다. 사실 아이들은 문제가 아니었다. 그보다 학부모 상담이 힘들었다. 그들은 삶에 지쳐 불만이 가득하고 인생의 밑바닥에서 악만 남아 있었다. 자신은 바쁘니 사고 친 아이를 경찰서에서 꺼내오라는 등 자신이 할 일과 상담사의 역할을 구분하지 못하는 사람도 있었다.

어이없는 소리를 듣고 나면 한동안 만신창이가 되는 것 같았다. 내담자를 치료하는 이론을 배웠지만 무례한 내담자를 대하는 방법도 몰랐고, 초보 상담사라 그저 친절해야 하는 줄 알았다. 최선을 다해도 문제 해결이 불가능한 경우가 있음을 알게 되었다. 일을 그만두고 싶어졌다.

비난하는 말에 대처하는 자세

누군가 자신을 비난한다면 먼저 어떤 이유인지 살펴야 한다. 무조건 사람을 힘들게 하는 에너지 뱀파이어형 사람인지, 아니면 나의 발전을 위해 피드백을 하는 사람인지 구분해야 하는 것이다. 전자인 사람들은 책임감이 약하고 항상 비난할 사람을 찾아다닌다. 아무리 친절하게 상황을 설명해도 자신이 옳다고 생각하기 때문에 절대 변하지 않는다.

이런 사람들은 '성격장애자'로 분류된다. 특히 편집성 성격장애자는 타인에 대한 의심이나 불신이 강해 자주 갈등과 불화를 일으켜 주변 사람들을 매우 피곤하게 한다. 다른 사람 때문에 피해를 입었다고 생각해 잘못을 인정하지 않고 부정적인 말을 서슴없이 한다. 이런 사람과의 관계는 해결 방법이 없다. 가능한 한 피하고 거리를 두어야 한다.

타인의 이야기는 잘 걸러서 들어야 한다. 타인의 말에 권위를 부여하는 것은 나의 선택이다. 그의 이야기가 'GOD'의 소리인지, 거꾸로 'DOG'의 소리인지 구별할 필요가 있다. 듣기 싫은데 계속 말하면 "아, 그렇게 생각하시는군요."라고 말하며 피하는 게 낫다. 타인을 존중하지 않는 말, 잘난 척하는 말, 상대를 비하하는 말에 굳이 신경 쓸 필요가 없다. 인격을 갖춘 사람의 진심어린 이야기가 아니라면 들을 가치가 없다. 기분 나쁘게 듣지 말고 도움되라고 하는 말이라며 충고를 가장한 비난을 일삼는 사람에게는 "굳이 안 하셔도 됩니다."라고 당당하게 얘기해도 된다.

에너지 뱀파이어형 사람들과 어떻게 하면 잘 지낼 수 있는지 고민하지 말자. 그런 사람들은 어떤 사람을 만나도 부정적인 이야기와 행동을 할 것이기 때문이다.

부정적 피드백에 수치심을 느낀다면

다른 사람들에게서 부정적인 이야기를 듣고 스스로 실패했다고 생각한다면 자신의 사고방식이 지나치게 이분법적이진 않은지 살펴봐야 한다. 일상에서 일어나는 사건의 의미를 흑 또는 백, 이것 아니면 저것으로 해석하려는 태도는 대체로 왜곡된 것일 수 있다.

부정적인 피드백을 듣고서 지금까지 노력했던 게 모두 물거품이 되었다고 생각하는가? 타인의 말에 너무 쉽게 흔들린 건 아닌가? 스스로 결함이 있고 부족하다고 생각하는 경우 타인의 피드백을 듣고 쉽게 수치심에 휩싸일 수 있다. 자신의 결함을 그 누구도 알아서는 안 된다고 생각하거나 실제 자신의 모습을 알면 사람들이 싫어할 거라고 믿는다. 지나치게 잔소리가 많고 비판적인 부모 밑에서 자랐거나 적절한 칭찬을 받지 못했다면 성인이 되어서도 자신이 사랑받고 존중받지 못한다고 생각한다.

타인의 피드백에 수치심을 느낀다면 존재 자체를 부정당했다고 생각하기 때문이다. 우리는 어떤 결과가 나타나면 그 원인을 평가한다. 원인은 외부 요인 대 내부 요인, 통제 가능 대 통제 불가능, 안정적 원인 대 불안정한 원인으로 나뉜다. 문제의 원인을 내부 요인으로 여기고 통제 불가능하며 안정적인 원인으로 생각하면 쉽게 불안해하고 회피하려고 한다. 즉, 부정적인 피드백의 원인이 타인이 아닌 자신에게 있고, 스스로 조정할 수 없고, 바꾸기 어렵다고 생각하면 불안은 더욱 커진다. 처음엔 자신을 비난하다가 한계에 이르면 타인을 비난하는데, 이는 화를 냄으로써 자신을 보호하려는 것이다.

직장에서 어떤 문제가 생기면 대체로 직급이 낮은 쪽이 감당하거나 참고 넘어가는 경우가 많다. 그러나 스트레스 상황에 계속 노출되면 불안, 분노가 점점 커져 자기 자신이나 타인을 비난하게 된다. 정신 분석 전문의 시드니 블랫Sidney Blatt은 자기비난이 높아질수록 우울감이 높아진다고 했다. 즉, 타인의 기대에 미치지 못하면 그들에게 받아들여지지 못하고 거절당할 것이라는 두려움을 갖는다. 자신의 전부가 아닌 어느 한 부분이 비난을 받은 것이지만 전체를 부정당했다고 생각하기에 수치심이 높아질 수 있다. 인지치료의 선구자인 아론 벡Aron Beck의 분노인지 모델에 따르면 분노를 유발하는 사건이 발생하면 이후 분노 사고를 통해 표현을 하게 된다. 즉, 내면의 사고 과정이 분노 표현에 영향을 미친다.

심리학자 노안영 교수와 정민 박사는 이럴 때 자신을 가치있고 유능한 존재로 생각하는 '인지적 자기격려', 말로 위로하거나 스스로를 토닥여주는 등의 '행동적 자기격려', 자신에게 힘을 주는 감정을 부여하는 '정서적 자기격려'가 필요하다고 말했다. 비난하는 대상보다 자신이 유능하고 우월하다는 자기 가치감이 높으면 덜 무력할 수 있다.

또한 자신이 받아들이기 힘든 부분을 있는 그대로 받아들이고 자신을 평가하지 않고 바라보는 '자기자비'self—compassion가 필요하다. 자신의 감정에 적절한 거리를 두고 객관적으로 바라보는 것이다. 임상심리학자 크리스틴 네프Kristin Neff는 자기자비가 자기친절, 보편적 인간성, 마음챙김 세 가지로 이뤄져 있다고 말했다. 자기친절은 고통스러운 순간 자신을 비난하지 않고 연민을 가지고 바라보는 것이다. 보편적 인간성은 사람은 누구나 불완전하며 다른 사람도 고통을 겪는다는 생각이며, 마음챙김은 고통을 유발하는 감정과 생각을 버리거나 피하지 않고 직면하는 행위를 말한다. 이와 반대되는 개념은 자기판단, 고립, 과잉 동일시다. 따라서 타인의 피드백을 두려워하지 말고 이 피드백을 통해 어떻게 변화할 것인지 객관적으로 바라보고 생각해야 한다.

꼭 들어야 할 피드백도 있다

때론 들어야 할 피드백이 있다. 일과 관련되었거나 자신이 성장할 수 있는 이야기라면 잘 들어야 한다. 피드백을 받을 때마다 두려움에 휩싸인다면 다시 생각해볼 문제다. 일 자체에 대한 피드백인지, 나라는 존재를 향한 비난인지 구분해야 한다. 대체로 상사는 일에 대한 피드백을 한 것일 뿐 당신에 대해 부정적인 평가를 한 건 아니다. 일은 내가 노력한 것만큼 성과를 낼 수 있다. 시간이 지나면 부정적인 피드백에서 벗어날 수도 있다.

어떤 일이든 처음부터 성공하기는 힘들다. 누구나 실패하면서 배워간다. 업무 능력을 향상시키기 위한 방법을 찾고 해야 할 일을 기록하는 것도 필요하다. 어떤 부분이 부족하다고 느껴진다면 내일 할 일을 리스트로 만드는 등 이를 향상시키기 위해 무슨 일을 해야 할지 생각하는 것이다. 어린 시절 일기장에 '오늘은 무엇을 배웠고 다음에는 이렇게 하겠다'라고 썼던 것처럼 한 걸음 한 걸음 성장한다는 것을 믿으면 된다. 그렇게 배우는 것이다.

회사는 이익집단이다. 그래서 칭찬보다는 더 열심히 하라는 이야기를 듣기 마련이다. 그렇다고 타인의 말 때문에 삶의 의미를 퇴색시킬 필요는 없다. 오늘 하루의 목적이 일당을 버는 것이든, 자신을 성장시키는 것이든 스스로 정한 목적과 삶의 의미를 향해 나아가야 한다. 타인의 말에 내 삶의 무게를 저울질할 이유는 없다. 오늘의 의미는 내가 만들어나가면 된다.

기억을 지우는 지우개가 필요해요

"진실을 말하는 것이 우리가 가진 가장 강력한 도구다."

지금으로부터 약 20년 전 어느 날 오후, 회사의 남자 직원들이 술렁대기 시작했다. 책상 컴퓨터 화면 앞에 모여 어떤 여가수에 대해 수군거렸다. 누구도 그녀의 동영상을 유출시킨 남자의 잘못은 말하지 않았다. 사람들의 돌멩이는 남자가 아닌 유명인이자 여자인 그녀를 향해 던져졌다.

그녀는 사람들의 엄청난 비난을 받고 마지막 콘서트 후 사라졌다. 더 이상 노래를 부를 수도 방송에 나올 수도 없었다. 하루아침에 바닥으로 떨어져 사람들의 시선과 관심에서 멀어졌다. 동영상을 유출하고, 남의 사생활을 훔쳐본 이들이 문제인데 왜 그녀가 책임져야 하는지 참으로 답답했다.

외상 사건이 파괴시킨 존엄성

성추행이나 성폭행으로 고통받은 내담자들을 만나면 대부분 그때의 기억을 완전히 지워버리고 싶다고 말한다. 이런 외상 사건은 신체적 손상뿐 아니라 존엄성의 손상을 동반한다. 늘 주변 상황을 위협적으로 느끼기 때문에 과민해지고, 강박적인 행동과 생각으로 고통을 호소하기도 한다. 특히 가족 중 한 명이 가해자인 경우 가족이 내담자의 문제를 외면하기도 해서 내담자는 누구에게도 말할 수 없는 고통으로 힘들어한다.

그렇게 오랫동안 분노와 불안을 억누르다가 강박 행동으로 상담실을 방문하는 경우가 다반사다. 계속해서 손을 씻거나 화장품을 정돈하는 등 반복적인 행동을 하고 강박적으로 규칙을 지키려 한다. 이런 행동이 불안을 줄여준다고 믿기 때문이다. 때로 강박 행동은 학업이나 일에 어려움을 줄 정도로 과도해지기도 한다.

강박장애 증상과 함께 우울이나 불안장애로 고통받기도 한다. 강박 행동의 핵심에는 극심한 불안이 숨어 있다. 그래서 치료는 강박 행동을 고치는 것보다 그간 억눌러 있던 감정들을 이야기하며 꺼내놓는 데 목표를 둔다.

힘든 기억을 잊으라고 하는 것만큼 무책임한 말은 없다. 당사자에게는 쉽게 잊히는 고통이 아니다. 그렇기에 치료 또한 오랜 시간이 걸린다. 특히 어린아이가 성추행으로 겪는 아픔과 가족의 상처는 말로 못할 만큼 깊다.

여성이 크고 작은 성추행을 경험하는 건 드문 일이 아니다. 어린 시절의 경험이 뒤늦게 생각나 분노하고 힘들어하는 경우도 비일비재하다. 학교를 가다가 '바바리 맨'을 만나기도 하고 버스나 지하철에서 치근덕거리는 남자들을 만나기도 한다. 드라마 〈힘쎈 여자 도봉순〉의 주인공처럼 치한들을 때려눕히고 싶지만 막상 현실에서 치한이나 바바리 맨을 만나면 일단 공포감 때문에 놀라 얼어붙는다.

우리는 이제 진실을 말할 수 있다

작년 10월 〈뉴욕 타임스〉가 하비 와인스타인의 스캔들을 고발하면서 '미투 캠페인'(성폭력 고발 운동)이 이어지고 있다. 할리우드의 여성 300여 명은 사회의 성추행과 성폭력, 성차별을 없애기 위해 '타임스 업'time's up이란 단체를 결성했다. 세계적인 영화제에 검은 드레스를 입고 레드카펫을 밟는 등 그간의 침묵을 깨고 표현하기 시작했다. 그러나 이런 일들이 단순히 여성과 남성의 대결로 여겨져서는 안 된다. 범죄는 범죄고 틀린 것은 틀린 것이다.

오프라 윈프리는 골든 글로브 수상 소감에서 "진실을 말하는 것이 우리가 가진 가장 강력한 도구다. 너무 오랫동안 여성들은 남성들의 힘에 맞서 진실을 말할 용기가 있는 존재라는 점을 무시당했다. 이제 그들의 시간은 끝났다."라고 말했다. 물론 이들처럼 사람들 앞에서 이야기하는 건 어렵다. 다만 고통 속에서 자책과 분노로 견딜 수 없다면 국가에서 지원하는 기관인 원스톱지원센터, 해바라기센터 등의 도움을 받을 수 있다. 더불어 꼭 말해주고 싶은 게 있다.

"절대로 당신의 잘못이 아닙니다."

어떤 경우에도 삶을 포기하지 않았으면 한다. 용기 내서 진실을 고발하지 못할 수도 있다. 처음에는 공포감으로 고통스럽지만 시간이 지나면 비밀을 누구에게도 털어놓을 수 없다는 고립감으로 고통받는다. 가족들에게서조차 이해받지 못할 때 고통은 배가 된다. 변호사를 만나 상의해도 사실 관계를 밝힐 수 없을 경우 오히려 무고죄가 될 수 있다는 말을 듣기도 한다.

이때는 무엇보다 자신의 가치가 변하지 않았다는 믿음과 자신을 사랑하는 용기를 갖는 게 중요하다. 그리스 신화의 아름다운 마녀 메데이아는 남자에게서 깊은 상처를 받고 자식들을 죽이고 말았다. 그녀의 아름다운 미모도, 재능도 의미 없는 것이 되어버렸다. 복수에 눈이 멀어 자신의 삶에서 중요한 것을 잃어버린 것이다. 그러나 앞서 이야기한 그녀는 소중한 자원을 잃어버리지 않았다. 꽤 오랜 시간 동안 힘들었지만 자신의 능력으로 화려하게 부활했다. 그녀는 더 아름다워졌고 강해졌다. 사람들의 손가락질에 무너지지 않고 일어났다. 자신의 힘으로 날개를 펼치고 꿋꿋하게 살면서 새로운 행복을 찾았다.

　과거가 어떻든, 죽을 만큼 힘들었더라도 우리에겐 다시 살아갈 힘이 있다. 잘못은 가해자의 몫이다. 여전히 성폭력이나 성추행과 관련해서는 자신을 솔직히 드러내기가 어렵다. 엄청난 용기가 필요하다. 힘든 과거 때문에 너무나 고통스럽지만 전문가의 도움과 주변 사람들의 지지와 내면의 강인함으로 이겨낼 수 있길 바란다.

죽고 싶다는 생각을 자주 해요

"건강한 삶이 아니어도 지금 숨 쉬고 있다는 것이 중요하다."

삶과 죽음의 문제에 대해 끊임없이 고민하는 사람들이 있다. 많은 이들이 살아야 하는 이유조차 모르겠다고 한다. 오랜 고민 끝에 상담실을 찾은 지은은 사는 게 무겁고 두려워서 스무 살까지 자신이 살아 있을 거라는 생각해본 적이 없다고 했다. 어른들의 삶은 위선덩어리 같고, 이래라저래라 하면서 자신들의 틀에 끼워 맞추는 이들에게 환멸을 느꼈다. 죽어라 공부해서 취업하고 열심히 돈을 버는 게 무슨 의미인지도 모르겠고 그녀에겐 살아가는 일이 벅차기만 했다.

나 역시 삶이 무겁게만 느껴질 때 살아가는 의미를 찾고 싶어 헤맸던 적이 있다. 그러던 어느 날 그것을 알려준 사람을 만났다.

루푸스에 걸린 해이를 만난 건 그녀가 중환자실에서 일반 병실로 옮겨왔을 때였다. 그녀의 몸에는 수많은 호스가 엉켜 있었다. 몇 달 전만 해도 건강한 모습으로 회사를 다니던 해이는 루푸스로 면역력이 약해져 병원에 입원했다.

통통 부어오른 그녀의 발을 만지자 눈물이 났다. 그녀는 몇 달 동안 온몸이 부어올랐고, 면역력 저하로 폐 수술까지 받는 등 힘든 시기를 겪었다. 나 역시 오래전 입원한 적이 있어 병원에 가는 것조차 꺼려졌는데 해이를 보러 몇 번을 방문했다.

삶의 끝은 죽음이지만 우리는 죽음을 보지 않으려고 한다. 죽음의 냄새가 느껴지는 병원 안에 있는 건 힘들었다. 할 수 있는 것은 기도하고 기도를 부탁하는 것뿐이었다. 놀랍게도 해이는 긴 병원 생활을 이겨내고 거짓말처럼 원래의 모습으로 돌아왔다. 이상한 나라의 앨리스처럼 온몸이 부풀어 올랐다가 원래대로 돌아왔다. 해이는 돈과 명예는 아무것도 아니라는 것을 깨달았다고 말했다. 그녀의 병실 생활이 불평과 원망으로 끝나지 않아 고마웠다.

그녀가 누워 있던 대학병원은 예전에 내가 입원했던 병동이었다. 당시 수술을 마치고 일반병실로 가기 전에 마취에서 깼을 때 침대에 놓인 내 모습은 무기력하기 그지없었다. 옮긴 병실에는 암환자와 출산한 사람까지 있었는데 밤에도 주사를 맞아야 해서 몇 번을 깼고, 다른 사람의 신음 소리 때문에 숙면을 취할 수도 없었다. 건강한 삶이 누구에게나 허락된 건 아님을 알게 되었다.

살다 보면 고통이 머물 때가 있다. 그리고 결국 삶에서는 중요한 것만 남는다는 걸 깨닫는다. 병은 마치 짧은 죽음과도 같은 체험이다. 나는 온전히 타인의 도움을 받아야 하는 의존적이고 무기력한 시간에 내가 하고 싶은 것이 무엇인지, 할 수 있는 것이 무엇인지, 소중한 것이 무엇인지 알게 되었다. 그렇게 일상으로 돌아온 후 병원에 있던 시간은 곧 잊었다. 레테의 강을 건넌 것처럼 중요한 기억이 사라졌다.

그러던 중 해이를 만났고, 그녀를 통해 다시금 그 시간을 떠올리게 되었다. 그리고 오늘 하루를 있는 그대로 느끼자, 식사할 때도, 상담할 때도 마치 처음 맞는 하루처럼 오늘을 경험하자고 다짐했다.

죽음이라는 결말

파울로 코엘료Paulo Coelho의 《베로니카, 죽기로 결심하다》에서는 자살만 생각해온 베로니카에게 시한부 인생이 선고된다. 그녀는 일주일밖에 남지 않은 삶이지만 정신병동에서 음악적 재능도 발휘하고 감히 해보지 못했던 일들을 시도한다. 이 소설에는 10대 후반을 정신병원에서 보낸 작가의 자전적 이야기가 반영된 것 같다.

삶이 이유 없이 무기력해질 때가 있다. 학생들은 집과 학교와 학원을, 회사원은 집과 회사를 무한 반복하며 지쳐간다. 할 일은 계속 쏟아지고 이대로 두었다간 이런 생활이 끝도 없이 이어질 것 같다. 이럴 때는 한번 상상해보자. 만약 베로니카처럼 삶이 일주일만 주어진다면 어떨까? 미친 척하고 평소에 해보고 싶었지만 끝내지 못한 숙제처럼 미뤄뒀던 일을 하며 더 바삐 보낼 수도 있지 않을까? 더 이상 감정을 숨기지 않고 주변 사람에게 이야기해볼 수도 있을 것이다.

주어진 일주일의 시간 동안 무엇을 할지 곧장 떠오르지 않는다면 '드림 보드'를 만들어보는 것도 좋다. 잡지나 책에서 내가 좋아하는 그림이나 글자를 오려내 보드나 노트에 붙이고 평소 바랐던 것, 소중하게 생각했던 것들을 이미지화하는 것이다. 드림 보드를 채워가다 보면 막연하게 생각만 했던 것들이 좀 더 구체화되고 자신이 꿈꾸던 것이 무엇인지 명확해질 것이다.

당신의 이야기를 새겨라

이스라엘에 비전 트립을 갔을 때였다. 예루살렘 야드 바셈 홀로코스트 역사박물관을 방문했는데, 야드 바셈이란 히브리어로 '이름을 기억하라'는 의미다. 박물관은 홀로코스트에서 살아남은 자들과 희생자들의 이야기로 가득했다. 수용소로 가기 전 개인 정보와 신발, 옷, 칫솔, 머리카락, 인형 등 개인 물품이 전시되어 있었는데 마지막에는 그들의 이름과 증언이 기록되어 있었다.

10미터 높이의 원뿔 모양에는 희생자들의 사진 600여 장과 250만 명의 이름으로 벽면이 가득 채워져 있었다. 그들 한 사람 한 사람의 사진과 이름을 보니 화가 나기도 하고 슬프고 속상했다. 흑백 사진은 그들이 사람이었다는 것을 떠오르게 했다. 그들의 아픈 삶을 기억해야 하는 것처럼 지금 우리의 삶도 그렇게 기억해야 한다.

사람이 사람을 기억해야 한다. 그들이 살아 숨 쉬던 사람이었음을 기억해야 한다. 당신의 심장이 뛰고 있는 것처럼 그들의 이야기와 함께 당신의 이야기를 새겨야 한다.

부서진 삶을 기억하기

섬세하고 예민한 아이들은 자기만의 세계가 있다. 또래와 소통을 잘 못하고 타인과의 관계에서 유리벽을 느낀다. 앞서 삶의 의미를 찾지 못해 죽고 싶었던 지은은 어릴 때 우울하고 예민한 아이였다. 몸도 약해 태어난 지 1년 만에 죽을 뻔한 고비를 넘겼다. 사람들 앞에서는 밝은 모범생이었지만 생각이 많고 우울했다. 무엇 때문에 살아 있고 무엇을 위해 살아가야 하는지 늘 고민했고 때로는 감정이 없는 무미건조한 사람이 되고 싶다고도 했다.

누구에게도 속내를 드러내고 싶지 않아 혼자 글을 쓴다는 그녀에게 타인과 소통하는 글을 써보라고 제안했다. 그녀는 섬세함 때문에 폭력적인 세상에 쉽게 상처받았다. 상담을 진행하다 보니 죽고 싶다는 이면에 살고 싶다는 마음이 숨겨져 있다는 것을 알게 되었다.

상담은 특별한 해답을 주는 것보다 상담자와 내담자의 관계가 더 중요하다. 지은은 상담에서도 자기 속내를 드러내기 힘들어했으나 조금씩 자신의 감정을 표현하기 시작했다. 상담사와 관계를 맺기 힘들어도 꾸준히 빠지지 않고 상담실에 왔다. 상담으로 그녀의 성격이 극적으로 밝게 바뀌지는 않았지만 삶을 포기하고 싶을 만큼 우울의 바닥을 치는 횟수는 줄어들었다. 그렇게 몇 년이 지나고, 지금보다 더 아프고 힘든 시간을 보낸다고 해도 삶을 끝내지 않고 버텨내겠다는 말을 남기고 상담을 종결했다.

때로 삶은 한없이 초라하고 보잘 것 없다. 너무나 평범해서 아무런 의미가 없다고 느껴질 때도 있다. 그럼에도 모든 사람의 삶은 하루하루 이어지는 것만으로도 가치 있는 하나의 이야기가 된다. 모든 이들이 그렇게 만들어지는 자신만의 이야기를 포기하지 않았으면 한다.

제2장

관계를 맺는 일에
서툰 당신에게

관계 불안을 깨고 안전지대 넓히기

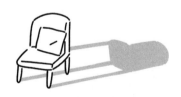

이불 밖은 위험해서 혼자입니다

"딱딱한 껍질을 부수는 것은 혼자서는 힘들다."

가끔은 온몸에 가시를 세우고 주변 사람들과 거리를 두고 싶을 때가 있다. 오로지 혼자 가만히 있고 싶은 날. 그런데 세상과 거리를 두고 싶은 날이 1년 365일이 된 사람이 있다.

현아는 진정한 '집순이'다. 약속이 생겨도 비가 오면 나가기 싫어서 바로 취소한다. 부모의 바람대로 고등학교 졸업 후 유학을 갔지만 한 달만 수업을 듣고 그 후에는 학교에 가지 않았다. 그렇게 낯선 외국인을 피해 1년간 집에만 있다가 결국 부모에게 더 이상 견딜 수 없다고 울먹이며 말했다. 부모는 사태의 심각성을 깨닫고 현아를 한국으로 데리고 왔다.

부모는 더 이상 현아에게 학업 스트레스를 주지 않기로 했다. 다시 수능을 보게 하고 집에서 먼 지방 대학에 입학시켰다. 감정 표현이 부족하고 주변 사람들에게 관심이 없던 현아는 자신보다 나이 어린 동기들과 친해지기 힘들었다. 자취방에서 혼자 치킨과 짜장면을 배달시켜 먹으며 마음의 허기를 채우다 보니 몸무게가 점점 불어났고 나중에는 살이 찐 모습을 남들에게 보이기 싫어서 수업을 제대로 듣지 않았다. 낮은 학점에 학점 이수도 제대로 하지 못해 졸업이 힘들어지자 현아는 학교를 그만두겠다고 했다. 결국 매사에 의욕이 사라져 스스로를 고립시키며 집 밖으로도 나가지 않게 되었다. 부모는 상황이 심각해지고 나서야 현아를 상담실로 데리고 왔다.

세상으로부터 숨어버린 은둔형 외톨이

상담을 하면서 10대부터 40대까지 다양한 은둔형 외톨이들을 만났다. 그들이 마음을 닫는 이유는 여러 가지다. 친한 친구에게 배신을 당해서, 오랜 기간 부모와의 관계에서 거리감을 느껴서, 학업에 실패해서, 취업에 실패해서, 시험 준비를 오래 하다가 취업 기회를 놓쳐서 등 이런저런 이유로 숨는다. 누구나 고통은 피하고 싶다. 상처받기 싫고 실패하고 싶지 않아서 세상과 거리를 둔다.

심리학에서는 이들을 '은둔형 외톨이'라고 하지 않는다. 타인과의 관계에 관심이 없고 감정 표현이 부족해 사회 적응이 어려운 이들 중 일부는 '정신분열성 성격장애'로 분류된다.

영화 〈슬로우 비디오〉의 주인공 여장부는 동체 시력이라는 특별한 능력을 가졌다. 하지만 친구들에게 따돌림을 받고, 유일한 친구인 수미도 같이 따돌림을 당할 것 같아 자신이 먼저 그를 떠난다. 여장부는 방문을 걸어 잠그고 세상과 담을 쌓고 지낸다. 오랫동안 마음을 닫고 살다가 서른 초반이 되어 CCTV 통합관제센터에서 일을 시작한 그는 간단한 대화조차 서툴다. 많은 생각을 하지만 밖으로 나오는 대답은 한 단어나 짧은 문장으로 끝나고 만다. 그래서 주위 사람들에게 '좀 이상한 사람'으로 오해받는다.

상담을 하는 중에 현아에게서 유리벽 같은 거리감이 느껴졌다. 그녀는 혼자가 편하고 친구들과 잘 어울리지 못해 어디에도 소속감을 느낄 수 없다고 했다. 중학교까지는 친한 친구들이 있었지만 어느 순간부터 친구들을 멀리했다. 고등학교에 다닐 때는 대부분의 친구가 부유했고, 상대적으로 가난했던 현아는 심한 열등감을 느꼈다. 친구들은 자기보다 멋지고 나아 보였다. 끊임없이 자신과 비교하고 혹시나 실수라도 할까 봐 걱정이 되었다. 그래서 말하는 것도 힘들었다. 고3이 되면서 부모님의 사업이 성공해 집에 여유가 생겼지만 그녀는 자신이 가난하고 부족하다는 생각을 멈출 수 없었다.

사람들과 연결 고리를 만들다

어릴 때는 외모가 튀거나 학습이 부진하거나 사회성이 떨어지면 친구들에게 놀림을 받기도 한다. 때로 가난이 열등감의 원인이 되기도 한다. 외로웠던 현아는 고등학교 시절 공부라도 잘해서 자신의 능력을 보여주고 싶었다. 정작 유학을 가자 학업을 따라가기 힘들었고 집에서 컴퓨터 게임을 하면서 점점 더 혼자가 되었다.

현아는 다른 친구들과 자신이 다른 것 같았다. 오랫동안 고립되어 있었던 어린 시절의 그녀를 토닥여주고 끊어진 연결 고리를 이어주어야 했다. 그녀는 사람들과 이야기를 나누지 않다 보니 어휘력이 부족했고 다소 독특한 억양을 갖고 있었다. 그리고 타인의 감정을 읽는 능력, 상황을 파악하는 능력도 떨어졌다.

앞서 소개한 영화 속 주인공도 타인에게 다가가는 방법이 서툴렀다. 그럼에도 불구하고 사람들을 만나기 시작한다. 사랑했던 수미를 만나고 잠만 자는 아버지를 둔 소년도 만나고 마을버스 기사 아저씨도 만난다. 여장부가 동체 시력으로 떨어지는 은행잎을 빠르게 잡는 것을 수미가 좋아하자 원치 않는 은행잎을 한가득 선물하기도 한다. 그러나 점점 굳어가는 수미의 표정은 읽지 못한다.

타인과 관계를 맺지 않고 오랜 시간 담을 쌓고 지낼수록 현실에서 직업을 구하는 것도 힘들고 관계에 적응하기도 힘들다. 은둔형 외톨이들은 상담 시간에도 침묵하거나 질문에 간단하게 답하는 경우가 많다. 겉으로는 아무런 표정이 없고 무감각한 듯하나 실제로는 타인의 반응에 예민하고 고집스러운 면도 있다.

세상을 등진 채로 중년이 되어 나이 든 부모에게 경제적 짐을 지우고 방에만 있는 경우는 더욱 심각하다. 부모는 자식을 고쳐달라고 요청하지만 당사자는 상담을 거부한다. 상담실에 온다고 해도 부모를 피하고 싶어 하거나 원망하는 경우가 대다수다. 세상 밖으로 나가는 것도 힘들고 부모에게서 벗어나고 싶다고 하지만 경제적, 정신적 독립을 하지 못한다. 이 경우는 어린 시절 통제적인 부모 아래 모범적인 자녀가 되기를 강요받아서 어른이 되지 못하고 성장을 멈춘 것이다.

사례를 보면 나이가 어릴수록 변화하는 정도가 높다. 사람이 싫다며 혼자인 게 편하다고 하지만 친구가 한두 명 생기면서 표정이 변하는 것은 숨기지 못한다. 이제 막 성인이 된 경우는 사회에 적응하기가 쉽지 않아서 좌절하기도 하지만 그래도 일자리를 구하고 주변 사람들을 만들어가기도 한다.

이제는 딱딱한 껍질을 벗고 나올 때

〈슬로우 비디오〉의 여장부는 다치지 않고 안전하게 살고 싶어 만든 벽을 스스로 무너뜨린다. 결국 그는 수미를 도와주다가 동체 시력을 잃는다.

세상에 나아가면 다칠 수도 있고 아플 수도 있다. 그래도 부모의 안전한 집을 벗어나 두려워도 오늘을 살아보겠다면서 용기를 내는 이들이 있다. 혼자가 안전한 것 같지만 마음은 점점 굳어져 온기를 잃어가고 있는지도 모른다. 오랫동안 혼자인 사람들은 관계를 맺는 데도 그만큼의 시간이 든다. 딱딱한 껍질을 부수는 것은 혼자서는 힘들다.

현아가 세상으로 나아가기까지는 1년 이상의 시간이 걸렸다. 그 기간 동안 상담에 빠지지 않고 성실하게 매주 참석했

고, 가깝게 지내는 친구도 생겼다. 그녀는 학교로 돌아가 졸업
했고 작은 회사에 취직해 월급을 받는 평범한 생활을 시작했
다. 사람은 혼자서는 자랄 수 없다. 조금은 아프고 힘들더라도
누군가를 만나 소통해야만 성장할 수 있다.

자꾸만 눈치를 보게 돼요

"다른 사람이 자신을 싫어한다는 생각은
혼자 생각해낸 믿음이다."

큰 키에 호감 가는 외모를 지닌 수지는 '사람들에게 나의 부족함을 들킬까 봐' 걱정이라고 했다. 예전에도 상담을 받았지만 상담사가 자신에게 실망할까 봐 염려가 되어 그만두었고, 사회공포증 관련 책도 여러 권 읽어봤지만 변화가 없었다.

대다수의 내담자들은 상담 첫날 상담사가 어떤 사람인지 평가하고 관찰한다. 그러나 수지는 내가 자신을 어떻게 생각하는지만 생각하고 있었다.

그녀는 과민성 대장과 위궤양 등 신체 증상이 있었다. 늘 주변 사람들의 요구에 부합하기 위해 노력했고 타인의 요구를 거절한다는 것은 한 번도 생각해보지 않았다. 회사에서 일을 제대로 해내지 못할까 걱정하느라 매일 아침부터 기운이 빠졌다. 다른 동료들보다 진급이 빠를 정도로 일하는 능력은 뛰어났지만 결정을 내리는 관리 직급으로 올라가자 불안으로 잠을 이룰 수가 없었다.

직원들이 자신의 선택에 어떤 반응을 보일지 초조했다. 다른 사람을 기쁘게 하는 데 초점을 맞추다 보니 대인 관계는 점점 힘들어졌고 내적 공허감은 더욱 커져서 몸이 텅 빈 것 같다고 했다. 자신의 욕구보다 다른 사람이 원하는 일을 하는 게 그녀에겐 중요했다.

"내가 누구인지 모르겠어요."

직급이 올라가기 전에는 자기 의견을 말하기보다 상사가 듣고 싶어 하는 말을 하는 편이었다. 일을 떠맡아서 하다 보니 점점 과도한 업무를 맡았다. 밤을 새워서라도 책임을 다해서 일했고 결과도 좋았으니 회사에서는 유능한 사원이었다. 그러나 이젠 관리자가 되어 자율적으로 선택하고 스스로 판단을 내려야 하는데 이런 역할이 불편했다. 승진을 하고서도 어린 직원들에게 자기주장을 하지 못했다.

중요한 사람과 맺는 관계

사람들과의 관계는 중요하다. 심리학자 멜라니 클라인Melanie Klein의 대상관계 이론에 따르면 어린 시절의 대상관계, 즉 인간관계는 성인이 되어서도 대인 관계 패턴에 영향을 미친다. 여기서 대상object은 내 삶에 영향을 미치는 중요한 사람을 의미한다. 즉, 어린 시절 중요한 대상과의 경험은 특정한 정신적 표상mental representation으로 내면화된다. 유아기 때 맺은 중요한 사람과의 관계가 사회적 관계에서의 틀이 된다. 예를 들어 부모로부터 야단을 맞은 일이 많았다면 주변 사람들도 자신을 비난하고 지적할 것이라고 믿는 것이다.

앞에서 자기 주장을 하지 못했던 수지는 가부장적이고 권위적인 아버지와 순종적인 어머니 사이에서 태어났다. 장녀인 그녀가 태어나고 6년 뒤 남동생이 태어났는데, 남동생에 대한 부모의 편애는 그녀를 위축시켰다. 남동생이 허락 없이 물건을 가져가거나 소리를 질러도 부모는 그녀에게만 참으라고 했고, 둘 다 잘못한 일이 있어도 동생에게는 너그러웠지만 그녀는 야단을 맞았다. 그녀가 속상한 일을 말할 때면 위로해주지 않고 세상이 다 그런 거라고 했다. 그녀는 부모에게 더 이상 속 이야기를 하지 않았다.

그녀에게 중요한 대상인 어머니는 딸의 생각을 중요하게 여기지 않았다. 그래서 수지는 상담사도 언젠가 자신에게 차갑게 말하거나 속마음을 제대로 들어주지 않을 것이라고 생각했다. 중요한 대상과의 관계 경험이 현재에도 영향을 미치고 있었다.

어린 시절의 관점이 현재 삶에 부정적인 영향을 미치고 있다면 지금 자신이 세상을 어떻게 바라보는지 확인해봐야 한다. 평소에 일어나는 사건에 대해 당신은 어떤 반응을 보이는가? 어떤 감정을 느끼고 행동하는지 살펴보면 기본적인 패턴을 알 수 있다.

외상으로부터 벗어나는 법

우리는 두려움과 소망 사이에서 선택을 한다. 두려움은 우리의 영혼을 갉아먹고 움직이지 못하게 한다. 수지는 사람들로부터 인정받고 싶은 소망과 사람들이 자신을 싫어할 것 같아 도망가고 싶은 두려움 사이에서 갈등했다. 어릴 때부터 친밀한 관계에 대한 열망이 큰 나머지 관계에서 실패를 거듭했고 이로 인해 불안과 좌절이 증폭되면서 악순환이 계속된 것이다. 그녀는 사람들이 자신을 싫어할 것이라는 두려움이 몰려오면 아무 생각을 할 수가 없었다. 두려움을 벗어나려고 할수록 마음만 불편해질 뿐이었다.

그녀에게는 어린 시절 반에서 따돌림을 당한 기억이 있었다. 살면서 겪은 고통이나 강한 정서적 경험은 뇌의 안쪽 변연계의 편도체와 해마에 저장된다. 편도체는 무의식을 담당하고 해마는 의식을 담당한다. 트라우마 상황이 되면 편도체는 평소보다 과도하게 활성화되고 해마는 억압된다. 그래서 두려운 상황이 떠오르는 자극을 받으면 그때의 감정이 일어난다.

트라우마는 세월호 사태처럼 전 국민적인 것도 있고 일상에서 자주 경험하는 작은 것도 있다. '자라 보고 놀란 가슴 솥뚜껑 보고 놀란다'는 속담이 있다. 트라우마를 느끼는 상황에서 벗어나려면 주변 상황이 안전하다는 것, 누군가가 따뜻하게 보살펴주고 있다는 안정감이 필요하다. 그래서 두려운 순간 안전하다는 믿음을 경험하는 것이 중요하다.

상담을 받으면 상담사와 내담자의 관계에 따라 안정감을 얻고 변화할 수 있다. 그러나 상담을 받는 것은 쉽지 않기에 평소에 스스로를 잘 돌보는 것을 내면화해야 한다. 지금 내 감정이 어떤지 잘 읽는 것부터 시작하는 게 좋다. 스스로를 야단치지 말고 내면의 목소리를 잘 들어주는 것이다. 그녀는 사람들로부터 거절당하는 것이 두려웠다. 남들이 자신의 행동을 평가하고 조금만 잘못해도 비난할 것이라는 믿음이 과연 맞는지 확인해야 했다.

그녀는 남들의 마음에 맞추지 않으면 자기를 싫어할 것이라는 생각에서 벗어나기가 힘들다고 했다. 타인의 반응에 따라 자신의 가치가 달라지기 때문에 두려움 정도가 높았다. 두려움 때문에 목과 어깨가 항상 긴장되고 불편했다. 마음은 몸에 영향을 미쳐 신체 증상의 원인이 되기도 한다. 두려움이 많은 사람이 두려움을 줄이는 것은 쉽지 않으며 감정은 익숙한 방식으로 흘러가기 쉽다. 그러나 크기는 줄일 수 있다. 한번 행동 패턴이 형성되면 쉽게 바뀌지 않는다. 두려움이 느껴질 때마다 할 수 있는 나만의 새로운 '의식'ritual을 만들어보자.

행동 치료에서는 보통 작은 것부터 시작한다. 예를 들면 작은 고무줄을 가지고 다니다가 부정적인 생각이 나면 잠시 고무줄을 튕기는 식으로 전혀 다른 행동을 하는 것이다. 내담자들은 상담실에서 내가 준 고무줄을 가지고 있으면 상담사와 함께 있는 것 같아서 마음이 편안해진다고 한다. 마치 옛날이야기에서 주인공을 지켜주는 작은 호리병, 마법 주문과도 같은 것이다.

두려움이 많은 그녀는 처음에는 하루 종일 타인의 반응에 숨죽여 있는 자신을 발견하고 실망했다. 타인의 반응에 두렵다는 느낌이 들면 숨고 싶었다. 다른 사람과 자신이 보이지 않는 벽으로 둘러싸여 있는 것만 같았다. 그녀는 이런 감정을 발견하고 손가락으로 고무줄을 한 번 튕겼다.

'잠깐, 멈춤.'

그리고 두려워 쪼그라드는 것 같을 때 자신에게 해주고 싶은 말을 미리 적어두었다가 읽기로 했다.

'괜찮아, 지금 여기 있어도 안전해. 넌 지금 일곱 살이 아니야. 누가 뭐라고 해도 나는 나야.'

타인과 눈도 마주치지 못하던 그녀는 두려움에서 안전한 감정으로 옮겨 갈 수 있다는 것을 알았다. 두려움은 습관이었고 타인이 자신을 싫어한다는 생각은 혼자 생각해낸 믿음이었다. 그녀는 그렇게 조금씩 두려움에서 벗어날 수 있었다.

먼저 사람들과 눈을 마주칠 것

타인을 두려워했던 수지는 이제 하나씩 두려움을 극복해가기 위해 각 계단별로 실천 목록을 적었다.

첫 번째 계단은 눈을 마주치고 다른 사람을 쳐다보는 것.

두 번째 계단은 같은 팀의 사람들에게 먼저 말을 거는 것.

세 번째 계단은 모르는 사람에게 의견을 이야기하는 것.

네 번째 계단은 회의 시간에 자신의 생각을 적극적으로 이야기하는 것.

몇 주가 지났다. 첫 일주일 동안은 사람들의 눈을 마주 보는 게 쉽지 않았다. 이론은 알아도 실제로 행동하는 건 어렵다. 나는 그녀가 용기를 내도록 격려했다. 두려움의 계단을 매번 잘 올라갈 수는 없다. 힘들 땐 잠시 그 자리에 멈췄다가 올라가도 된다. 증상의 변화도 나선형 계단을 타고 오르락내리락하는 시간이 필요하다.

그녀가 먼저 인사했더니 대다수의 사람이 인사를 받았다. 그녀가 웃으면 다른 사람들도 미소 지었다. 그녀는 아직 의견을 자유롭게 표현하지는 못했지만 용기를 내서 말을 걸거나 인사하면 낯설어하면서도 그녀를 받아준다는 것을 알게 되었다.

변화가 다른 사람으로부터 시작된다면 내가 바뀌기는 어렵다. 무엇이든 내가 행동을 시작하면 다른 사람들도 반응이 달라진다. 처음에는 힘들지만 시도한 만큼 결과를 얻을 수 있다. 물론 타인이 먼저 다가와주길 바라는 마음이 있을 수 있다. 낯

가림이 심한 사람이 활달하고 적극적으로 사람들 앞에서 이야기하는 것은 힘들다. 활달하게 살려면 많은 에너지가 소모된다. 진짜로 원하는 게 아니라면 노력할 이유도 없다.

자신을 받아들이는 것이 중요하다. 외향적이지 않아도 된다는 걸 알면 된다. 사람들이 당신을 싫어한다고 믿으면 그 생각을 바꾸기 어려워지고 더욱더 도망가면서 관계를 맺기가 어려워진다.

인사를 받지 않은 사람은 그날 기분이 안 좋았을 수도 있다. 실제로 그녀를 싫어한다고 해도 그토록 두려워할 일은 아니다. 이렇게 두려움에 대해 이야기를 하면 그 크기가 줄어든다. 또한 자신의 태도가 바뀌면 사람들의 반응도 변한다. 이제 그녀는 동료의 눈을 제대로 바라볼 수 있다. 그녀를 좋아하는 친구의 눈동자와 미소가 보이고, 사람들의 눈을 제대로 볼 수 있다. 그리고 자신의 주장을 조금씩 드러낼 수 있다. 타인의 반응에 예전처럼 흔들리지 않는 경험을 통해 두려움의 세상에서 조금씩 벗어난 것이다.

착한 사람으로 사는 게 힘듭니다

"타인의 욕구와 소망만큼
나의 욕구도 소중히 다뤄야 한다."

"사랑받고 싶어서. 그래서 아무 말도 하지 않은 거였다."

드라마 〈따뜻한 말 한마디〉의 미경은 어머니 때문에 부모가 이혼했다고 여겼다. 그래서 결혼 후 시부모와 남편에게 사랑받기 위해 부단히 노력했고 완벽한 가정을 만들기 위해 헌신했다. 그녀는 어머니와 다른 방식으로 살아야 한다고 생각했다. 자기 목소리를 내거나 자신을 돌보기보다 착한 아내, 며느리가 되려고 했다. 그러나 그녀가 착한 사람이 되어갈수록 시어머니는 마음대로 행동했고 남편과의 관계는 멀어졌다.

부모에게서 벗어나기

부모가 내 삶에 미치는 영향은 막강하다. 지나간 과거를 들춰보면 어린 시절에 묶인 감정에 문제의 원인이 많다. 많은 이들이 부모처럼 되려 하거나 부모와는 다르게 살려고 노력한다. 타인에게 사랑받고자 애쓰는 내담자들의 사연도 마찬가지다. 부모에게 받지 못한 사랑과 의존성은 상처로 남는다. 그래서 타인에게 거절당하기 싫어서, 소외당하지 않기 위해 착하게 말하고 행동한다.

우리는 어른이 되어서도 어린 시절 가족 구성원으로서 경험했던 정서적 움직임에 따라 살게 된다. 부모로부터 벗어나고자 애쓸수록 실은 그 영향력에서 벗어나지 못한다. 누군가에게 사랑받고자 노력했던 것들이 자신을 힘들게 한다면 다시 생각해봐야 한다. 우리에게는 따뜻한 말 한마디가 필요하고 누군가의 사랑이 필요하다. 그러나 누구보다도 내가 내 편이 되어야 한다.

미경에게 정신과 의사는 이렇게 말했다.

"불행을 견뎌내기 위해 어린 시절을 이용한다는 생각은 안 해봤어요?"

어린 시절 경험 때문에 고통스러웠던 시간을 받아들이고 그

것이 현재에 미치는 영향력을 인정해야 한다. 그렇지 않고 과거의 고통만 반복해서 말하는 건 마음이 성장하는 데 도움이 되지 않는다.

착한 아이 콤플렉스

콤플렉스complex는 자아의 통제를 받지 않고 감정과 사고가 복잡하게 엉킨 에너지다. 이부영의 《분석심리학》을 보면 모성애는 인내력과 포용력 같은 긍정적인 면과 파괴와 독점 같은 부정적인 면을 동시에 갖고 있다. 어머니의 영향력이 강해서 그 기대와 욕구에 맞추려고 노력했던 아이는 자신의 감정을 드러내지 못하고 타인의 눈치를 보며 과도하게 노력한다. 타인의 요구를 거절하지 못하고 이를 통해 인정받으려고 하는 것이다. 그래서 착한 아이 콤플렉스인 사람은 남에게 불편한 말을 하지 못하며, 다른 사람의 말을 거절하기 힘들어한다.

　이들은 노력하는 만큼 인정받지 못할 때 좌절과 분노가 쌓인다. 착한 사람 중에는 이기적인 사람이 싫다는 말을 자주 하는 사람이 있는데, 이 말에는 자기주장을 하거나 솔직하게 표현하는 사람을 속으로는 부러워하는 마음이 감춰져 있기도

하다. 자신의 내면을 잘 들여다보자. 내가 싫어하는 그림자 안에 나의 모습이 있거나 내면의 욕망이 숨어 있을 수 있다.

누구보다 내가 나를 사랑하지 못해 타인에게 지나치게 맞춰 살고 있다면 작더라도 자신의 목소리를 내야 한다. 스스로 생각해서 행동하지 못하고 타인에게 맞추기만 하는 사람에게는 매력이 없다. 스스로를 사랑하지 않는 사람을 누가 사랑할 수 있을까.

드라마 속 미경처럼 속내를 잘 말하지 않고 조용하고 감정에 초연해 보이는 이들이 있다. 이들은 소수의 사람들과 교류하고 갈등을 조장하거나 특별한 문제를 일으키지 않는다. 말이 없고 조용하게 있는 것이 편안한 사람이라면 본연의 모습이기에 괜찮지만 타인의 눈치를 살피느라 말을 하지 못한다면 자신의 모습으로 살지 못하는 것이다.

눈치 보는 사람들은 남들이 자기를 싫어할까 봐, 이상한 사람이라고 하거나 행동이 어색하다고 할지 모른다며 걱정한다. 가능한 한 튀지 않고 남의 의견에 동의하며 살아가려고 한다. 그러나 그 이면에는 나를 온전히 이해해주었으면 하는 마음이 숨겨져 있다.

주변 사람들은 다르다. 남에게 잘하고자 하기에 처음에는 착한 사람이라 괜찮다고 생각한다. 그러나 시간이 지날수록 속내를 몰라서 거리감을 느낀다. 이들은 주변 사람들과 친해지면 자신의 못난 모습을 알게 되고 자신을 싫어할까 봐 불안해서 솔직한 속내를 드러내지 않는다.

불안에서 벗어나려면 나의 목소리를 내야 한다

불안은 유전적인 요소가 영향을 미치기도 한다. 타인의 눈치를 보는 이들은 교감신경계가 과민하게 반응한다. 우리의 신경계는 두 가지로 나뉘는데 안정 상태일 때는 부교감신경계가 활성화되고 불안한 상태일 때는 교감신경계가 활성화된다. 불안이 높은 사람들은 실제 불안해하지 않아도 되는 상황에서 교감신경계가 지나치게 과민해진다.

어린 시절 자전거를 타는 것 같은 사소한 일에도 부모가 불안해하거나 위험에 지나치게 민감하게 반응하면 아이도 세상을 위협적으로 여기게 된다. 대인 불안이 높은 부모는 사람들과의 만남을 꺼려하고 자녀도 부모가 주변 사람들과 자연스럽게 관계 맺는 것을 보지 못하기 때문에 또래 관계가 어렵다.

《몸이 아니라고 말할 때》의 게이버 메이트는 어린 시절 나치의 홀로코스트를 겪으며 극한의 상황을 견뎌야만 했다. 힘든 유년기를 겪은 그는 자기감정을 억누르고 배려하는 사람으로 컸다. 하지만 그러다 보면 다른 사람의 욕구가 우선이 되어 자기 몸의 욕구와 감정은 표현하지 못하게 된다.

다시 미경의 이야기로 돌아가자. 드라마 후반부터 미경은 자신의 목소리를 내기 시작한다. 시어머니가 원하는 대로 살지 않고, 남편에게 하고 싶은 말을 한다. 완벽한 결혼 생활을 하고 싶었지만 남편과 별거하고 난 후 오히려 서로에 대해 알아간다. 남편에게 사랑받기 위해 노력하던 것을 멈추고 자신의 마음이 무엇을 원하는지 찾고 사랑하기 시작한 것이다.

지금까지 타인의 목소리에 귀 기울이느라 자신의 목소리를 듣지 못했다면 이제 자신의 목소리에 귀를 기울였으면 한다. 타인의 욕구와 소망만큼 나의 욕구와 소망도 소중하게 다뤄야 하기 때문이다.

아무래도 싫은 사람 때문에 힘들어요

"밖에서 들리는 거짓 메시지가
삶의 중심이 되어서는 안 된다."

사소하게 싫은 몇 개가 마치 장롱 위의 먼지처럼 조금씩 조금씩 쌓여가고 커다란 먼지 뭉치가 된다. 그렇게 청소기로 빨아들일 수 없을 정도로, 미움이 커진다.

_《아무래도 싫은 사람》 중에서

아마도 인간관계에서 소소한 괴로움을 겪지 않은 사람은 없을 것이다. 마스다 미리의 글은 그런 일상의 감정을 섬세하게 읽어주며 나 혼자만 고민하고 괴로워했던 건 아니라고 마음을 토닥여준다. 사소한 일상을 잘 표현해서 나도 모르게 귀를 기울이게 된다.

주인공 수짱과 아카네는 각각 직장에서 보기 싫은 사람이 있다. 끊임없이 불평불만을 털어놓으면서 속을 긁어놓는 사장의 친척 무카이, 은근슬쩍 자신의 일을 하지 않거나 응접실에 커피 잔을 남겨두고 퇴근하는 기무라 씨가 그들이다. 그들은 주인공을 은근히 나쁜 사람으로 만들고 자신은 좋은 사람이 되는 최악의 시나리오를 써내기도 한다.

아무래도 싫은 사람은 변하지 않는다

노르웨이의 심리학자 댄 올베우스Dan Olweus는 괴롭힘에 세 가지 특성이 있다고 했다. 힘의 불균형에서 온다는 점, 일회성이 아니라 반복된다는 점, 고의적으로 고통을 준다는 점이다.

아무래도 미운 사람들과 가까이 지내면 미운 사람을 싫어하는 자신에게도 문제가 있는 건 아닌지 고민하게 된다. 그러나 다른 사람을 끊임없이 의심하는 편집성 성격장애가 아닌 이상 그 사람을 싫어할 수밖에 없는 이유는 틀림없이 있다.

아무래도 싫은 사람에 대해 말하자면 끝이 없다. 문제는 이런 사람은 절대로 변하지 않는다는 것이다. 오죽하면 한 광고에서는 밉상인 상사를 지구 밖으로 보내는 장면을 연출하기도

했을까. 만화 속 주인공 수짱은 싫은 사람 때문에 직장을 옮겼다. 그러나 현실에서도 직장을 옮긴다고 문제가 해결된다는 보장은 없다. 아무래도 싫은 사람이 싫어서 옮겼는데 그런 유형을 또 만났다는 슬픈 사연을 종종 듣곤 하기 때문이다.

친구가 싫은 사람에 대해 이야기하면 같이 험담을 하겠지만 상담에서는 무엇 때문에 그 사람이 싫은지 탐색한다. 그 사람에게 무시당한 것 같은지, 그 사람과 친해지고 싶은데 자신을 거부한 것 같아 서운한지, 그 사람이 말을 얄밉게 해서 속이 상하는지 천천히 탐색하는 것이다. 이는 스트레스 자체보다는 대처 행동이 적응에 중요하다고 생각하기 때문이다. 괴롭힘에 자주 노출되다 보면 우울감을 느끼고 자아존중감을 잃을 수도 있다. 그러나 가해-피해 경험은 고정된 것이 아니라 변화할 수 있다는 사실을 기억해야 한다.

스트레스에 대한 적극적 대화와 소극적 대처

인간관계로 자잘한 스트레스가 쌓일 때는 적극적 대처와 소극적 대처로 대응할 수 있다.

적극적 대처는 문제 해결을 위해 뭔가를 해보려고 노력하거나 사회적 지지를 찾아 조력자를 구하고 주변 사람과 의논하는 것이다.

소극적 대처에는 정서 중심 대처, 문제 회피, 소망적 사고가 있다. 정서 중심 대처는 운동을 하거나 먹는 것으로 감정을 풀고 스트레스를 해결하는 것이다. 문제 회피는 시간이 지나면 스트레스가 해소된다고 믿는 것이며, 소망적 사고는 상상 속에 빠져보는 것이다.

스트레스 상황을 통제할 수 있다고 느낄 때는 대부분의 사람이 적극적으로 문제를 해결하려고 노력하지만, 통제하기 어렵다고 느낄 때는 정서나 감정을 완화하려는 경향이 높다. 자신이 스트레스에 어떻게 대처하고 있는지 살펴보자.

만일 싫은 사람이 좀비처럼 기하급수적으로 증가하고 있다면 정신건강의 적신호로 봐야 한다. 온 사방이 적들로 가득하다고 느끼는 편집적인 성격의 사람들은 마치 혼자 밀림에서 살아남고자 애쓰는 것 같다. 만나는 사람마다 싫어진다면 세상을 바라보는 필터가 잘못되었을 수도 있다.

싫은 사람을 지구 밖으로 날려버릴 수 없고, 그들이 보기 싫다고 집에서 은둔 생활을 할 수도 없다. 우리의 삶은 아무래도 싫은 사람들과 같이 살아가야 한다는 것, 그걸 받아들이는 것이다. 그러나 그들과 같이 살아가는 건 숨 막히는 일이다. 말을 만들어내고 교양 있는 말투로 상대를 아프게 하는 사람들의 이야기를 들으면 내면에 무엇이 들어 있는지 궁금할 지경이다.

인간의 근원적인 악을 다룬 《스캇 펙의 거짓의 사람들》을 읽으면서 인간 내면에 숨어 있는 악에 대해 놀라움을 금치 못했다. 상담사로 일하기 전에는 지어낸 이야기라고 생각했다. 인간이 인간에게 할 수 없는 이야기들을 대체 어떻게 하는지 도무지 이해할 수 없었던 적도 많다.

종합심리검사를 할 때 예측불허의 악한 사람들을 만날 때가 있다. 법적인 문제로 강제 검사를 받는 이들 중 폭력을 휘두르고도 미안한 줄 모르거나 상대 탓만 하는 이들도 있었다. 가정폭력 가해자임에도 피해자를 탓하며 검사 결과가 잘못되었다고 의사에게 소리 지르는 사람도 있었다. 이런 거짓의 사람들에 휘둘리는 것은 평범한 사람들이다. 정작 바뀌어야 할 사람들은 잘못을 받아들이지 않는다. 오히려 상담실을 찾는 사람들은 권력을 휘두르거나 함부로 하는 그들 때문에 피해를 입은 사람들이다.

나쁜 사람들 때문에 괴물이 되지 않으려면

《스캇 펙의 거짓의 사람들》에는 "'악'evil이라는 말은 '산다'live라는 말의 철자를 거꾸로 늘어놓은 거예요."라는 말이 나온다. 악은 삶을 넘어 생명을 망가뜨린다. 악한 사람들은 주로 두려움과 공포를 휘둘러 주변 사람들을 힘들게 한다. 이들에게 대항하는 방법은 동일하게 악으로 대처하는 것이 아니라 동정, 즉 측은한 마음을 갖는 것이다. 아무리 선한 의도라고 해도 악한 사람과 맞대응하다가는 몸과 마음이 다칠 수 있다. 작가는 결론적으로 "사람을 치료하는 것은 오직 사랑인 것이다."라고 말한다.

아무래도 싫은 사람에게 속상한 말을 듣거나 힘들어서 자신의 정체성이 흔들린다면 다시 내면의 진실한 소리를 듣기 바란다. 두려움과 공포, 험담으로 마음을 뒤흔드는 사람의 이야기는 거짓일 가능성이 높다. 실제 그들은 힘이 없고 약한 존재들이다. 그들 때문에 아파하지 말고 빛으로 나와야 한다. 상담을 하며 수많은 거짓 메시지에 흔들리는 이들을 만난다. 거짓 메시지를 말하는 주체는 부모일 수도 있고, 선생님일 수도 있고, 동료일 수도 있고, 내면의 목소리일 수도 있다. 그런 이야기들을 듣고 마음이 힘들고 상처받을 수도 있다. 다만 그 목소리가 내 삶의 중심이 되어서는 안 된다.

　그런 이들 때문에 수많은 자원이 있는 사람이 스스로 멍청이라고 생각하거나, 현실에서 능력을 인정받는 커리어 우먼이 자신은 부족하다며 힘들어하기도 한다. 마음의 거울이 어그러져서 자신과 상황을 잘못 보고 있다면, 내면에서 들려오는 진실한 목소리에 귀 기울이길 바란다.

부모님이 원망스러워요

"부모는 부모의 삶을, 나는 나의 삶을 살아야 한다."

엄마를 때리고 화가 나면 물건을 부수는 아버지, 자녀에게 끊임없이 막말을 퍼붓는 어머니 때문에 어른이 되어서도 힘들다는 이들이 있다.

"아빠가 술을 마시면 두렵습니다. 혹시라도 저랑 엄마를 때릴 것 같아 겁이 나요. 역겨운 술 냄새도 싫고요. 술을 마시고 아버지가 쿵쿵거리며 올 때마다 제 가슴은 방망이질하듯 뛰어요. 부모를 용서할 수 없고 같이 사는 것도 싫은데 집을 나가기는 힘들어요. 나가서 살면 돈도 많이 들고 혼자 살아갈 자신도 없고요. 그래서 제 방만이 온전한 은신처예요."

이제 어른이 되어 부모가 그런 행동을 하진 않아도 이런 부

모를 가졌다는 게 부끄럽고 배우자가 될 사람에게 알리는 것
도 걱정된다고 말한다.

어린 시절의 외상을 마주하다

세상에서 처음 만나는 대상인 부모는 삶에 큰 영향을 미친다.
부모에 대한 원망과 미움으로 힘겨워하는 이들을 위해 데이비
드 스몰의 만화 《바늘땀》을 소개한다. 이 책은 작가의 자전적
인 이야기로, 이야기에는 삭막한 분위기의 가족이 등장한다.
그들은 따뜻한 대화를 나누지 않는다. 찬장 문짝을 쿵 하고 닫
는 엄마와 북을 두드리는 형, 샌드백 치는 의사 아빠까지 모두
뭔가를 치고 있고 화가 난 듯한 표정을 짓고 있다.

엄마는 조용히 거실에서 그림을 그리는 데이비드에게 소리
를 지르고 한숨을 쉰다. 데이비드는 목에 혹이 생겼지만 엄마
는 돈 쓸 데가 많다며 병원에 데려가지 않는다. 3년 후에야 데
이비드는 수술을 받아 혹을 제거했지만 목소리를 잃는다. 감
정과 생각을 표현하는 데 문제가 생긴 것이다.

연구에 따르면 아동학대를 겪은 아이들은 뇌의 크기가 평
균보다 작고 감정적인 행동을 조절하는 뇌량과 해마의 회백질

밀도가 낮다. 그래서 감정이나 충동을 잘 조절하지 못하고 감정을 지나치게 억압하기도 한다.

데이비드는 엇나가기 시작하다가 결국 학교를 그만둔 후 계속 문제를 일으킨다. 부모는 데이비드를 상담실로 보낸다. 상담실에서 데이비드는 《이상한 나라의 앨리스》의 토끼처럼 생긴 상담사를 만난다. 데이비드는 어린 시절부터 《이상한 나라의 앨리스》를 좋아했기 때문에 상담사를 부모와는 다른 대상으로 인지한 것이다. 데이비드에게는 좋은 징조였다.

타인을 신뢰한 경험이 없는 이들은 친밀한 관계를 만들어가는 과정이 힘들다. 그러나 데이비드는 상담을 통해 새로운 대상관계를 경험할 수 있었다. 시계 토끼가 앨리스를 이상한 나라로 이끌었듯이 상담사는 그를 새로운 세계로 이끌어갈 사람이었다.

진실을 말하는 것이 치유의 시작이다

상담사는 데이비드에게 진실을 말한다.

"어머니는 널 사랑하지 않아. 미안하다, 데이비드. 하지만 사실이야. 넌 말이 안 되는 세상에 갇혀 살아온 거다. 누구도 네게 사실을 얘기해준 적이 없었지."

어쩌면 데이비드도 알고 있지만 받아들이고 싶지 않았는지 모른다. 그러나 자유롭게 말할 수 없었던 그에게 상담실은 안식처가 된다. 그가 가진 두려움과 이해할 수 없는 꿈들도 이야기한다. 데이비드는 힘든 일을 겪었지만 회복이 불가능한 건 아니었다. 상담사는 그가 너무 말랐다고 걱정하기도 하고 부모에게 듣지 못한 칭찬과 지지도 해준다. 그리고 세상으로 나아갈 수 있는 힘을 쥐어준다. 데이비드는 스스로 수준 미달이라고 생각했지만 상담사는 그가 그림에 소질이 있다는 것을 알려준다. 누구에게나 한 달란트 이상의 재능이 어둠 속에 숨어 있는 법이다.

데이비드는 가족에 관한 진실을 맞닥뜨린다. 엄마는 이성애자가 아님에도 남자와 결혼해서 불행했고, 데이비드가 좋아하던 아주머니와 엄마는 애인 관계였다. 그에게 험한 말을 하던 외할머니는 정신적 문제가 있었다. 또한 아버지는 병약한 데이비드에게 잦은 방사선 치료를 해서 암에 걸리게 했고 목에 바늘땀까지 남겼다.

마음이 아프더라도 진실을 마주하는 것이 무엇보다 중요하다. 부모를 미워하면서도 익숙한 환경을 떠나지 못하고 부모 곁을 맴돌거나, 결혼해서 부모를 떠났지만 정서적으로 밀착

되어 원망을 퍼붓는 이들도 많다. 힘든 감정을 솔직하게 이야기할 수 있는 시간을 단번에 뛰어넘을 수는 없다. 얼마나 많은 눈물을 쏟아야 하는지는 경험한 사람만이 안다.

데이비드는 열여섯 살에 가족을 떠나 그림을 그리기 시작한다. 진짜 가족은 아니지만 예술가들을 만나서 공동체를 이루고 산다. 그들은 결함도 있고 엉뚱한 구석도 있지만 데이비드의 가족이 된다.

어느 날 데이비드는 높은 담이 있는 저택에 사는 꿈을 꾼다. 그는 장난감 자동차를 찾으러 나갔다가 정원 담벼락 사이에서 비질 소리를 듣고 엄마를 만난다. 그리고 외할머니가 감금된 정신병원까지 이른다. 엄마는 데이비드가 외할머니의 길을 따르도록 청소를 하고 있었다. 그러나 데이비드는 그 길을 따르지 않았다.

부모를 벗어나 당신의 길을 떠나라

데이비드 스몰의 《바늘땀》은 전미도서상 최종 후보에 올랐다. 넓은 집에서 외롭게 그림을 그리던 아이는 훗날 그림으로 빛나는 인생을 살게 된다. 《바늘땀》은 흑백으로 거칠게 그려졌

지만 그가 부인 사라 스튜어트가 함께 지은 《리디아의 정원》
은 아름다운 책이다.

《바늘땀》에서 데이비드는 내면의 어두운 부분과 밝은 부분
을 모두 그의 것으로 통합했다. 그는 부모와의 관계에서 네 가
지 단계를 차례로 밟는다.

첫째, 부모에게 사랑을 갈구하는 단계.
둘째, 부모와 대립하는 단계.
셋째, 부모와 결별하는 독립적인 관계.
넷째, 자기실현을 추구하는 단계.

가족 상담을 하다 보면 극도의 좌절을 겪고 세상과 담을 쌓
고 집에만 있는 사람들을 만나게 된다. 부모들은 말 잘 듣던
착한 아이가 갑자기 변했다고 하지만 실은 부모와 대립하면
서 독립하지 못하고 결국은 자신의 삶을 망가뜨린 것이다.

심리학을 제대로 이해하지 못한 사람은 부모에 대한 원망으
로 많은 시간을 보내는데 이는 부모의 사랑을 갈구하거나 부
모와 대립하는 것에서 벗어나지 못하는 것이다. 부모에 대한
미움밖에 남아 있지 않다면 독립적인 내 삶을 살 수 없다. 부
모는 나이가 들어가는데 여전히 원망만 하고 있다면 어린아이

에서 영원히 벗어나지 못한다.

자기실현의 길로 들어서려면

부모를 벗어나 자기실현을 한다는 건 특별한 사람이 되는 게 아니다. 세상이 밝고 따뜻할 수도 있음을 경험하는 것, 자신이 할 수 있는 일에서 즐거움을 찾는 것, 일에서 의미를 찾는 것 또한 자기실현이다.

눈에 보이지 않는 바늘땀은 누구에게나 있다. 거울을 볼 때마다 상처를 기억해야 할 수도 있다. 삶에 바늘땀처럼 아픈 증거가 있더라도 나는 나로서 살 수 있는 선택권이 있다. 부모에게 이해받고 사랑받아야 독립할 수 있다는 생각에서 벗어나기 바란다. 부모의 잘못을 인정하고 현실을 직시해야 한다. 부모는 부모의 삶을, 나는 나의 삶을 살아가야 한다.

《바늘땀》의 주인공처럼 힘든 시간을 겪었어도 자기 길을 걸어간 이들을 많이 보았다. 그들을 보면서 부모와의 관계가 풀리지 않더라도 정서적인 거리를 충분히 두고 현재를 살아갈 수 있다는 것, 아픈 과거가 있더라도 삶에 다른 그림을 만들어갈 수 있다는 것을 알게 되었다. 부모가 어떤 삶을 살았든, 당신이 어떤 고통을 겪었든 데이비드처럼 그 길을 따르지 않을 수 있다.

"난 그 길을 따르지 않았다. 난 그 길을 따르지 않았다. 난 그 길을 따르지 않았다."

내가 원하는 부모는 어떤 사람인지, 그런 부모가 있다면 나는 어떻게 달라질지 생각해보자. 그리고 내가 나에게 그런 부모가 되어주자. 내 삶은 그 누구도 아닌 내게 달려 있다는 것을 믿고 걸어가기 바란다.

온전히 독립하고 싶어요

"시간의 파도에 떠내려 보낼 것과 남길 것을 결정해야 한다."

"부모님이 왜 그러는지 모르겠어요. 엄마는 언제 터질지 모르는 시한폭탄 같았어요. 엄마가 아빠와 싸우고 나서 '너 때문에 산다'고 할 때마다 속으로는 그냥 이혼하라고 말했어요. 예전엔 부모님이 서로 소리 지르며 싸우는 게 무서웠는데 언젠가부터는 지긋지긋했어요. 엄마가 한숨을 쉬면서 설거지하고 시끄럽게 그릇을 정리하는 게 너무 싫었죠. 그래서 그만 좀 하라고 했더니 별것도 아닌 일로 그러려면 집을 나가라고 하더군요. 제가 이렇게 눈치 보고 사는 게 엄마 때문인 것 같아요."

부모의 불화에 지칠 대로 지친 영주는 정말로 집을 나가고 싶었다. 그러나 세금 떼고 카드 값을 내고 나면 월급은 통장을 스쳐 지나갈 뿐 수중에 남는 게 없었다. 용기를 내서 독립할 집을 알아보기도 했지만 작은 방 한 칸의 월세도 그녀에겐 만만치 않았다. 경제적으로 독립할 여유는 없고, 집안일을 하는 것도 귀찮고, 그냥 이대로 살아가는 게 나을 것 같았다. 한마디로 혼자 살아갈 자신이 없었다. 그러다 보니 늘 결론은 부모님이 변해야 한다로 끝났다.

가족 로맨스, 부모를 바꾸고 싶다

요즘은 결혼 연령이 점점 늦어져서 부모에게 의존하는 기간도 길어지고 있다. 많은 젊은이가 공부와 일로 바빠 방 청소와 빨래 등 집안일을 부모에게 미룬다. 집안일은 하기 싫지만 잔소리는 듣기 싫고, 나이가 들수록 소소한 일로 부모와 부딪히는 일이 잦아진다. 이렇게 부모에 대한 불만을 토로하는 이들을 자주 만난다.

물론 어린 시절 학대를 겪었거나 정서적인 방치를 경험해서 부모에 대한 원망을 충분히 털어놓아야 하는 경우도 있지만 어떤 이들은 부모가 달라지면 자신이 편해질 것 같다며 부모를 상담해달라고 하기도 한다. 이는 역으로 부모가 자신에게는 문제가 없으니 상담은 필요 없고 자녀만 변화시켜 달라고 하는 것과 같다. 문제의 원인을 자신이 아닌 가족에게 돌리는 것이다.

어떤 이들은 부모가 원망스러운 나머지 다른 사람이 부모였으면 좋겠다고도 한다. 아무리 열심히 일해도 삶은 나아지지 않고, 자신과 반대로 좋은 부모 밑에서 자라 든든한 지원을 받는 이들을 보면 출발선부터 다른 것 같다. 그렇게 부모에 대한 원망과 불만은 커지지만 정작 부모로부터 독립하는 것은 어렵다.

부모가 친부모가 아니며 이상적으로 멋진 진짜 부모가 있을 거라고 믿고 자신의 핏줄이 바뀌기를 원하는 것을 '가족 로맨스'family romance라고 한다. 어린 시절, 자신이 다리 밑에서 주워온 아이라는 이야기는 흔히 들어봤을 것이다. 그래서 TV에 나오는 연예인이 부모였으면 좋겠다고 생각한 적도 있을 것이다. 그들이 부모라면 사고 싶은 장난감이나 책을 마음대로 사주고, 좋은 유치원에도 가고 피아노도 배울 수 있을 것이다. 그러면 내 삶은 확 달라질 것만 같다.

이런 소망은 드라마에서 '출생의 비밀'이란 소재로 자주 등장한다. 착하고 순수한 주인공은 열심히 살아가지만 가난으로 힘들어하고 신데렐라 언니처럼 못된 주변 사람들로 인해 고통받는다. 그러던 어느 날 진짜 핏줄을 찾게 되는데 친부모는 엄청난 부자다. 주인공은 행복한 결말을 맞는다. 이런 가족 로맨스는 대다수 사람의 마음에 숨어 있다. 부모를 바꿈으로써 현실을 바꾼다는 마술 같은 기대감이 있기 때문이다.

현실의 부모는 변하지 않는다

영화 〈열세 살, 수아〉는 이런 가족 로맨스에서 시작되는 이야기다. 수아는 돌아가신 아빠의 일기장을 읽다가 유명 가수 윤설영이 친엄마라는 것을 알게 된다. 수아는 시도 때도 없이 잔소리만 하는 엄마에 대한 불만이 커져 가수 윤설영을 찾아 가출한다. 그러나 출생의 비밀은 없었다. 아빠가 일기장에 엄마의 이름을 가수 윤설영의 이름으로 적은 걸 오해한 거였다. 수아가 힘든 시간을 보내고 집에 돌아왔을 때 엄마가 운영하던 가게는 문이 닫혀 있다.

엄마는 낡은 노란 버스에서 '영 분식'이라는 초라한 간판을 걸고 다시 분식집을 시작한다. 수아는 꿈속에서 노란 버스를 타고 죽은 아빠를 만나 작별 인사를 한다. 그렇게 다른 사람이 엄마일 거라는 기대와 아빠의 죽음에 대한 슬픔을 떠나보낸다.

수아처럼 부모에 대해 해결되지 못한 감정을 가진 사람들은 그로 인해 생긴 부정적인 감정을 억압하지 않고, 해결되지 않은 결핍을 떠나보내는 애도의 시간이 필요하다. 부모에 대한 미움이 있다면 실컷 미워해도 된다. 상담을 받을 수 있다면 좋겠지만 글을 쓰거나 그림을 그리는 등 나름대로 표현하는 것도 어느 정도 도움이 된다.

부모로부터 독립하려는 당신에게

부모로부터 독립하려면 어떻게 해야 할까? 헝가리 심리학자 마가렛 말러Margaret Mahler는 유아는 태어나 3년간 어머니와의 강한 정서적 관계에서 분리개별화를 통해 점진적으로 심리적 탄생을 한다고 말했다. 이후 청소년기를 거쳐 성인기가 되면 부모에게 의존하는 관계에서 벗어나 자율적인 관계에서 개별성을 갖는 심리적 독립이 시작된다. 1984년에 제프리 호프만Jeffrey Hoffman이 개발한 심리적 독립 척도Psychological Separation Inventory, PSI에 따르면 심리적 독립은 기능적, 태도적, 정서적, 갈등적 독립으로 나뉜다.

- **기능적 독립** 부모의 도움 없이 자신의 직업을 선택하고 의사결정을 하고 스스로를 관리한다.
- **태도적 독립** 부모의 생각과 별개로 자신만의 가치관이나 신념을 확립한다.
- **정서적 독립** 부모에게 인정이나 지지를 받지 않아도 자유롭다.
- **갈등적 독립** 부모에 대한 반감, 죄책감, 책임감의 정서에서 자유롭다.

이 네 가지 독립 척도를 살펴보면 현재 부모로부터 어느 정도 독립하고 있는지 알 수 있다.

부모와 갈등이 많다면 따로 살고 있더라도 부모로부터 온전히 독립하지 못하고 있을 수도 있다. 자녀 입장에서는 부모의 행동이 바뀌어야 한다고 생각하고 잘못한 일에 대해 사과도 받으려고 한다. 그러나 자녀가 원하는 대로 자신의 잘못을 인정하고 사과하는 부모는 드물다. 부모의 입장에서는 자신의 생각을 바꾸는 것이 힘들기도 하지만 지금껏 많은 희생을 했다고 생각했는데 자녀의 비난에 화가 난다. 흔치 않게 갈등이 해결되는 경우도 있지만 그렇다고 원망이 눈 녹듯 사라지는 건 아니다. 부정적인 정서는 그렇게 쉽게 해결되지 않는다.

부모로부터의 분리개별화

어린 시절 중요한 대상과 맺은 관계는 현재의 삶에 영향을 미치지만 심리 치료가 '과거의 상처'만을 탐색한다고 생각하는 것은 편견이다. 심리 치료는 과거의 영향력에서 벗어나 현재의 삶을 잘 살아가기 위한 것이다.

머레이 보웬Murray Bowen의 가족 치료 이론에 따르면 자아분화는 개인이 가족과의 애착 관계에서 독립해 자신의 사고와 정서를 독립적으로 분리하는 개별화 과정이다. 개인적인 차원에서는 스트레스 상황에서 정서적 기능과 사고 기능을 분리할 수 있는 능력이며, 대인관계 차원에서는 자신과 타인을 분리할 수 있는 능력이다. 자아분화가 낮을수록 무의식적 정서 반응에 쉽게 좌우되거나 다른 사람의 감정 변화에 민감하게 반응하고 의존적이 된다. 자아분화가 높을수록 자아정체감이 분명하고 높은 수준의 독립성을 지닌다. 부모와의 관계에서 적절한 친밀감이 있다고 해도 부모로부터 자신의 개별성을 찾아가는 자아분화가 어느 정도로 이뤄지고 있는지 생각해볼 필요가 있다.

부모와 함께 살면서 불평불만이 커지고 있다면 이때가 독립할 시기일지도 모른다. 부모와의 관계에서 고통스럽고 아팠던 것은 무엇인지, 출생의 비밀이 있어 새로운 부모가 생긴다면 바라는 것이 무엇인지 생각해보자. 내가 아닌 타인이 변화해야 한다고 생각한다면 스스로 무기력해질 뿐이다. 가해자—피해자 논리로 부모—자녀 관계를 바라보고 있다면 몸은 어른이지만 내적으로는 여전히 부모의 인정이 필요한 어린아이로 남아 있는지도 모른다. 이제 내가 내 안의 아이를 돌봐주어야 하는 시기다. 이 작업에는 오랜 시간이 필요할 수도 있다.

부모로부터 독립하면서, 즉 홀로 서면 불안해질 수도 있다. 그러나 어른이 된 이상 '쉬운 선택'은 없다. 경제적으로 부모에게 의존하고 있다면 듣고 싶지 않은 잔소리를 들어야 하고 자유를 포기해야 한다. 자유를 누리고 싶다면 경제적 어려움과 물리적 불편함을 감수하고 과감하게 독립해야 한다. 이것 역시 분리개별화 단계처럼 시간이 필요하다. 카드 값이나 빚이 있다면 이를 갚아나갈 계획을 세우고 보증금을 마련하고 한 달 동안 어떻게 돈을 써야 할지 계획해야 한다.

대체로 심리적 문제는 경제적 문제와 관련이 깊다. 심리적 허기로 불필요한 옷을 구매하거나 의미 없는 값비싼 프로그램에 아낌없이 돈을 쓴다. 또한 신체에도 영향을 미쳐 특별한 질병 없이 몸 이곳저곳이 아파서 병원비로 돈을 많이 쓰기도 한다. 상담에서는 내담자들이 돈을 어떻게 사용하는지 기록한 것을 함께 살펴보기도 한다.

심리적 독립을 이룬 내담자들은 비정규직이거나 적은 월급을 받고 있는 경우도 있지만 경제적으로도 독립했다. 전보다 작은 방에서 살며 외로움이나 불안을 느끼기도 하지만 독립을 후회하는 이들은 없었다. 어린 시절의 부모에 대한 기대를 떠나보내고 새로운 출발을 한 것이다.

누구나 부모로부터 이런저런 상처를 받는다. 칼 융Carl Gustav Jung은 내면의 아이를 가리켜 '신성한 아이'라고 했다. 《상처받은 내면아이 치유》의 저자 존 브래드쇼John Bradshaw는 내면의 아이에게 있는 깊은 슬픔을 알아차리고 결핍을 이해하고 내가 새로운 부모가 되어 나를 보살펴주면 자연스럽게 창조적인 아이로 키울 수 있다고 한다. 이제는 내가 나의 부모가 되어야 하는 것이다.

홀로 서기를 위한 주체적인 의식

홀로 서는 것은 불안하지만 경제적으로 자립하고 친구와 나를 믿어주는 이들의 지지를 받는다면 충분히 가능하다. 가장 중요한 것은 내 삶을 내가 이끌어가겠다는 주체적인 의식이다.

중요한 대상이 내가 원하는 것을 해주지 않는다고 원망하기보다 나의 좌절된 욕구나 원했던 것이 무엇인지 알아차리는 게 중요하다. 그리고 부모에게 듣고 싶었던 말, 어린 시절의 나에게 하고 싶었던 말을 스스로에게 해주는 것도 필요하다. 자신의 이야기를 새롭게 써내려감으로써 고통스러운 과거와 화해하고 나에게 친절해지는 것이다.

　부모와 나의 관계를 살펴보면 상처뿐 아니라 부모로부터 받은 자원도 발견하게 된다. 뒤죽박죽이 된 마음속에서 부모로부터 받은 자원들을 찾을 수 있을 것이다. 시간의 파도에 떠내려 보내야 할 것과 지금 여기에 남겨야 할 것은 무엇인지 선택하자. 이제는 부모의 삶을 있는 그대로 인정하고, 나는 내 삶의 버스를 운전해 나아가야 한다.

진짜 내 모습을
알게 될 것 같아 두려워요

"마음 안에 있는 재판관의 소리에
너무 귀 기울이지 말자."

민주는 얼굴이 붉어지는 안면홍조증이 있다. 화장으로 가리기는 하지만 긴장되는 상황이 오면 어떻게 해야 할지 안절부절 못한다. 상대방이 자신의 모습을 보고 어떻게 생각할지 두렵고 창피해서 죽을 것 같다고 호소했다. 외출도 힘들고 사람들 앞에 나서기가 두려워 점점 더 우울해졌다.

　안면홍조증은 어떤 자극에 다른 사람보다 얼굴 혈관이 좀 더 확장되어 얼굴이 붉어지는 증상이다. 원인이야 여러 가지지만 스트레스를 받으면 더욱 붉어지는 경향이 있다. 몸과 마음을 잘 관리해주고 자연스럽게 호흡하며 자극적인 음식을 먹지 않으면 증상이 어느 정도 나아진다.

평가에 대한 불안으로 힘들다면

사실 민주의 경우 얼굴이 붉은 것보다 주변 사람의 평가에 대한 불안이 더 큰 문제였다. 얼굴이 붉어지면 사람들이 싫어할 것이다, 시도 때도 없이 얼굴이 붉어지면 창피를 당할 수 있으니 사람들을 피해야 한다고 생각한 것이다. 사회적 상황을 두려워하고 회피하는 일종의 사회공포증이다.

누구나 낯선 사람들 앞에서 불안이나 수줍음을 경험할 때가 있다. 여러 사람들 앞에서 발표를 하거나 혼자 과제를 수행할 때는 몸이 뻣뻣해지고 떨리는 등 긴장이 되기도 한다. 그러나 이 긴장도가 너무 높으면 타인과의 관계가 힘들어진다.

사회적 상황은 불확실성을 수반한다. 간혹 등장하는 위협적인 단서에 지나치게 민감하거나 미래에 대해 무조건 부정적으로 생각하면 심리적 어려움을 겪는다. 민주는 특별한 근거 없이 상황이 나빠질 것이라고 생각했다. 주변 사람들이 자신의 안 좋은 점만 부각해서 볼 것이라고 지나치게 비약했다. 사람들이 자신을 어떻게 생각할지 불확실한 상황을 견디는 것이 힘들었다. 예전에 조별 활동에서 발표를 했을 때도 성공적으로 발표를 마쳤지만 누군가의 눈빛이 호의적이지 않았다는 이유로 실패했다고 생각했다. 그녀는 부정적 경험은 온전히 받아들이고 성공한 경험은 하찮게 받아들였다.

아무에게도 나의 불안을 알리지 말라

드라마 〈하트 투 하트〉의 여주인공 홍도도 안면홍조증이다. 사람을 만나면 얼굴이 붉어지는 게 부끄러워 외출할 때는 헬멧을 쓰거나 돌아가신 할머니로 분장해 일하러 간다.

　홍도가 자기은폐self-concealment 행동을 하는 이유는 스스로 고통스럽게 여기는 비밀을 다른 사람에게 숨기기 위해서다. 얼굴이 붉어지는 비밀이 알려질 때의 결과가 두려워 숨기려는 것이다. 그러나 이런 식으로는 타인과 의미 있는 관계를 맺기 어렵다. 헬멧을 쓰고서는 상대방과 눈을 맞출 수 없고 의사소통도 원활하지 않다. 상대방은 그 사람을 속내를 드러내지 않고 인간관계에 관심이 없는 사람으로 볼 수도 있다. 안전하고자 한 행동이 오히려 거리를 만드는 것이다.

　그렇다면 왜 자신을 그토록 은폐하는 것일까. 이들은 자신의 부족함을 드러내면 상대방이 싫어하거나 이를 빌미로 자신을 힘들게 하지 않을까 의심한다. 즉, 타인에 대한 상이 부정적이고 믿음이 없기 때문에 관계를 맺을 수 없다. 그러나 상처받지 않기 위해 자신을 단단하게 둘러싼 보호막 때문에 관계는 더욱 악화된다. 자신을 보여주지 않음으로써 일시적으로 불안을 해소할 수는 있지만 장기적으로는 자신을 더 고립시킨다.

드라마 속 홍도는 얼굴이 빨개지는 자신이 남들에게 호감을 주지 못한다고 생각하지만 사실 그녀는 매우 사랑스럽다. 매사 조심하는 모습이 토끼 같고, 할머니 분장을 하고 도우미 일을 할 때는 노인들과 잘 지내고 예의 바르다. 그녀에겐 많은 장점이 있지만 자신의 아름다움을 알지 못한다.

사회공포증으로 힘들어하는 사람들을 만나보면 다른 사람에게 상처를 주지 않으려고 조심하고 타인을 먼저 배려하려는 이들이 많다. 상담실을 찾은 민주도 그랬다. 내가 그녀의 이러한 장점을 칭찬하면 "별거 아니에요."라고 했다. 그녀는 볼이 붉어지는 것만 신경 썼고, 어떻게든 가리려고 노력했다. 자신의 가치를 제대로 보지 못하고 결점만 신경 쓰며 쉽게 불안해했다.

자신의 결함에만 초점을 맞추는 사람들

아론 벡에 따르면 불안이란 위협적인 사건이 발생하리라는 믿음과 자신의 대처 능력에 대한 낮은 기대로 발생한다. 자신의 약점이 들킬까 봐 지나치게 불안해하고 이를 숨길수록 약점과 결함은 더욱 커진다. 붉어지는 볼은 자신의 일부분일 뿐이다. 그러나 일부의 결함을 확대해 전체를 부정적으로 평가하고 자신을 부끄러워하기 때문에 남들도 자신을 부정적으로 평가할 거라고 생각한다.

드라마에서 홍도가 대인기피증에 걸린 이유는 명확하게 나오지 않는다. 할머니가 도우미로 일하던 집에 누군가 불을 냈는데 그때 홍도가 억울하게 범인으로 몰렸다. 할머니는 일을 그만두었고 죄인처럼 숨어 지냈는데 홍도는 이때부터 할머니를 모델링한 것 같다. 양육자에게서 자연스럽게 익힌 대인 관계 방식을 그대로 따라 한 것이다. 이때 자신을 관찰해 자신의 감정이나 생각을 세심하게 살펴보면 타인의 감정이나 생각도 알 수 있다. 타인이 생각하는 방식이 자신과 다를 수 있다는 걸 발견하는 것이다. 뇌는 경험에 의해 변화되는 능력인 신경가소성Neuroplasticity이 있어서 생각을 바꿔보는 연습을 통해 얼마든지 달라질 수 있다.

사회공포증 내담자들은 종종 억울하게 피해를 봤다고 느끼거나 자책하는 말 속에 숨곤 한다.

'사람들이 나를 이상하게 볼 것 같아.'

'사람들이 네 본모습을 알게 되면 너를 싫어할 거야.'

자신에 대한 이런 평가에서 부정적인 신념 체계를 형성한다. 실제로는 아무도 민주에게 그런 이야기를 하지 않았다. 그녀의 마음 안에 있는 재판관이 그런 판결을 내리고 있을 뿐이다. 억울한 일이다. 자신을 다그치는 내면의 소리에 시달리고 있는 것이다.

누구에게나 약점은 있다. 그러나 자신의 약하고 부족한 부분만 보며 움츠러들지 말고 자신을 드러내 보여도 괜찮다. 세상 모든 사람에게 사랑받을 수는 없다. 하지만 있는 모습 그대로의 내 모습을 편하게 보여줄 수 있는 사람들은 필요하다.

드라마 속 홍도는 마트에서 시식하는 것에 도전하거나 좋아하는 사람을 보러 가는 등 적극적으로 자신을 노출시킴으로써 조금씩 마음을 열었다. 사람이 많은 곳이나 과감한 변화를 시도하기는 부담스럽다면 가족, 친구 등 가까운 지인이나 상담사에게 조금씩 속내를 이야기하는 것부터 시작해보자. 가까운 사람이라도 누군가에게 이해받는 경험을 쌓아나가다 보면 크게만 보였던 나의 약점이 점차 줄어들고 자신은 물론 타인을 좀 더 이해할 수 있게 된다. 그래서 심리 치료를 할 때 상담사와 내담자의 관계가 매우 중요하다.

홍도는 불을 냈다는 누명을 벗으면서 헬멧을 벗고 할머니

분장도 하지 않은 채 가깝게 지내던 남자 친구의 할아버지를 찾아가 그동안 억눌러왔던 이야기를 털어놓는다. 드디어 하고 싶은 말을 솔직하게 할 수 있게 된 것이다.

자신의 진짜 모습을 보이면 사람들이 싫어할까 봐 힘들다면 자신이 어떤 은폐 행동을 하고 있는지 관찰해보자. 홍도가 헬멧을 쓰거나 할머니 분장을 하지 않고 민낯을 드러냈듯이, 자신의 부족한 부분에 초점을 맞추는 행동을 그만두자. 약하고 부족한 곳을 신경 쓸수록 부정적인 사고는 증폭된다.

있는 모습 그대로 타인과 마주하기

자신에 대한 부정적인 평가는 우울감을 높이고 사람들을 피하는 사회 부적응 문제를 초래한다. 수치심, 열등감 등으로 고통을 피하려고만 하면 오히려 문제를 해결할 기회가 줄어든다. 이때는 회피 행동이 아닌 접근 행동이 필요하다.

사회에 대한 공포증과 불안은 사회적 관계를 맺기 시작하는 10대 후반에서 20대 초반에 시작된다. 자신을 비난하는 태도가 지속적으로 반복된다면 이런 생각을 하게 된 계기가 무엇인지, 내가 부정적으로 보는 나의 모습을 타인도 그렇게 보고 있는지 다시 살펴볼 필요가 있다. 자기비판을 하면서 과거를 촘촘하게 기억했다면 이제는 앞으로의 삶을 왜곡하지 않고 긍정적으로 바라보는 연습이 필요하다.

비난의 메시지가 반복된다면 어떤 방법이 도움이 될지 생각해보자. '이럴 때 나와 가장 친한 친구라면 어떻게 말해줄까?' 생각해보자. 아마도 친구는 얼굴이 붉어진다고 해서 놀리기보다 오히려 당황한 나를 토닥여줄 것이다.

상담실에서 내담자들도 그런 이야기를 한다. 내면의 부정적인 메시지가 들려올 때 어디선가 상담 선생님이 "지금 마음이 힘들군요. 도망가고 싶은 마음이 들었네요."라고 말해줄 것 같다는 것이다. 이렇듯 사람과의 관계는 무의식적인 요소가 많아서 직접 사람을 만나 대화하고 관계를 맺고 배우는 수밖에 없다.

만일 주변에 당신을 비난하거나 우울한 친구밖에 없다면 본받고 싶은 사람을 떠올려보는 것도 좋다. 다른 사람의 이야기를 잘 들어주는 연예인도 좋고, 힘든 순간 그가 내게 어떤 이야기를 할지 상상해보는 것도 좋다. 매번 똑같이 들리는 소리를 바꿔보자. 항상 듣던 라디오 주파수 대신 다른 주파수로 연결하는 것이다.

이렇게 생각이 바뀌면 내면에서부터 조용한 혁명이 시작된다. 자신을 표현하며 살아가기로 용기 내는 사람들은 자신이 지닌 창의성을 찾아낸다. 비밀을 가리기에 급급했던 삶이 자신의 장점을 발견하고 그토록 바라던 인생으로 바뀌는 이들을 보았다. 누구나 부족한 점은 있다. 스스로를 토닥여줄 수 있는 당신이 되기를 바란다.

제3장

부정적인 감정에
자주 휘둘리는 당신에게

온전한 나, 자존감을 높이는 힘

우울해서 출근하기가 싫어요

"가벼운 일상의 여행을 시작하는 것은 도움이 된다."

"주말에는 하루 종일 잠만 자요. 자는 시간이 가장 행복해요. 사람들도 만나지 않고 아무 일도 하지 않고 그렇게 누워 있고 싶어요. 사람을 만나면 지치기만 해요. 내 마음은 그렇지 않은데 괜찮은 척 웃는 것도 힘들어요."

다정이는 우울해서 아무런 의욕이 없다고 했다. 돈은 벌어야 하니 회사에 나가야겠고, 일에는 도통 흥미가 생기지 않고, 상사에게 의지가 없다는 소리를 듣고 나니 점점 더 회사에 나가기 싫었다. 사표를 쓰자니 앞으로 어떻게 살아가야 할지 막막했다.

최근 들어 우울증을 겪는 내담자가 많이 늘었다. 우울증으로 무엇을 시작하는 것이 어렵다거나 외출이 힘들거나 차라리 죽는 게 낫다며 자살과 같은 극단적인 생각을 하는 이들도 있었다.

"요즘 왜 이렇게 우울한지 모르겠어요. 우울증인가요?"

블로그에 이런 비밀 댓글을 올리는 이들도 있다. 그러나 우울인지 아닌지 직접 만나지 않고 심리평가도 하지 않은 상태에서 섣불리 진단을 내릴 수는 없다. 우울과 관련된 진단도 한두 가지가 아니다. 우울은 파괴적 기분조절 부전 장애, 지속성 우울 장애, 월경 전 불쾌감 장애로 나뉜다. 또한 우울증이라고 해도 만성인지, 일시적인 스트레스로 인한 우울감인지 알 수가 없다. 우울의 원인은 수없이 많다. 우울증이 극심해 충동적 자살이나 자해를 시도하는 경우 호르몬의 영향일 수도 있기에 약물 치료를 권유하기도 한다. 약물 치료를 할 경우 60~70퍼센트 정도는 효과가 있다.

굿바이 블랙독

길을 잃어보지 않고는 나를 발견할 수 없다.

_《굿바이 블랙독》중에서

《굿바이 블랙독》의 작가는 20년 넘게 우울증으로 힘겨운 시간을 보냈다. 그러다 9.11 테러가 발생하고 인생은 믿을 수 없을 만큼 짧다는 생각이 들어 책을 쓰기 시작했다. 그는 자기 안의 우울을 검은 개, 즉 '블랙독'이라고 불렀다. 윈스턴 처칠이 우울을 블랙독이라고 불렀다고 한다.

다른 사람들이 세상을 즐기고 있을 때 작가는 블랙독의 눈으로 세상을 바라보았다. 우울증으로 파생되는 터널 비전runnel vision은 힘든 시기가 끝나도 계속 어둠만 있을 거라고 믿게 만든다. 부정적 사건을 더욱 부정적으로 보게 되고 인지 삼제 Cognitive Triad, 즉 자기 자신, 미래, 환경이 부정적일 것이라는 사고방식을 갖게 된다. 이런 블랙독은 기억력과 집중력을 떨어뜨린다. 정신건강의학과에서 종합심리검사를 하면서 얼핏 성인 ADHD인 것 같지만 우울증으로 결과가 나오는 경우를 많이 봤다.

작가는 블랙독 때문에 사람들과 어울리기 힘들었다. 실제로 우울해지면 자존감도 떨어지고 사람들을 피하게 된다. 한편으로는 괜히 멋있고 괜찮은 척하려고 한다. 애써 노력하다 보니 사람들을 만나는 게 더욱 힘들어지고 세상에는 자신과 블랙독만 있는 것 같다. 사회적 지지가 부족하다 보니 점점 고립되고 만다.

작가는 자신의 블랙독을 인정하고 받아들이는 것부터 시작했다. 그리고 상담사를 찾아갔다. 대부분의 사람은 정신적인 어려움을 혼자서 극복하려 한다. 정서적인 문제를 외부에 알리고 싶지 않기 때문에 혼자 껴안고 힘겨워한다. 작가는 자기만 블랙독이 있는 줄 알았지만 실제로 아주 많은 사람들이 블랙독으로 인해 힘들어하는 걸 알았다. 일생 동안 20~25퍼센트의 사람들이 한 번 이상 우울 장애를 경험한다. 그리고 우울을 경험한 사람은 다시 우울 장애를 경험할 가능성이 높다.

가벼운 우울에는 햇빛 처방전

가볍고 일시적인 블랙독이라면 햇빛 처방전을 내리고 싶다. 우울할 때는 대부분 집 안에 콕 박혀 있거나, 밤 늦게 자고 아침에 늦게 일어나거나, 식사를 거르기 쉽다. 이럴 땐 밖으로 나가서 운동을 하거나 산책을 하는 게 좋다. 햇빛에 몸을 맡기고 바람을 쐬러 가라. 곰팡이가 슨 생각들은 햇빛에 말려버리고 자연의 공기로 자신을 치유하는 것이다.

햇빛을 쐬면 세로토닌이 생성된다. 식물이 광합성을 하듯이 햇살을 통해 몸에 밴 퀴퀴한 우울함을 날려보자. 햇빛은 자연적인 치료제 역할을 하지만 대부분의 직장인은 아침에 출근해 저녁에 집에 들어가기 때문에 산책할 여력이 없다. 식사를 하고 짧은 시간이라도 근처를 산책한다면 도움이 될 것이다. 걷다가 벤치에 앉아 지나가는 사람들을 바라보는 것만으로도 도움이 된다. 이렇게 일상의 작은 여행을 시작해보자.

빨래를 말릴 때도 그렇다. 미세먼지가 없고 햇빛이 쨍쨍한 날로 잘 골라 옷을 널면 옷에서도 햇빛 냄새가 난다. 건조된 옷의 냄새는 쫄깃쫄깃하다. 세탁기로 건조해서는 절대로 그런 냄새가 나지 않는다. 햇빛과 바람이 어우러지는 특별한 냄새가 있다.

사람도 마찬가지다. 햇빛에 몸을 맡기면 오래된 곰팡이 냄새와 우울을 날려버릴 수 있다. 단번에 식물이 자라지 않는 것처럼 우울도 쉽게 사라지진 않는다. 그러나 꾸준히 산책하다 보면 조금씩 삶의 의지를 느낄지도 모른다. 아마도 우울은 방 안에 꼭꼭 숨자고 당신에게 속삭이겠지만 이때 단호하게 '됐어!'라고 말하자. 그리고 일단 나가자. 단 10분이라도 커튼을 열고 빛을 보고 밖을 거니는 것만으로도 도움이 된다. 당신에겐 햇빛이 필요하다.

할 수 있는 수준에서 가볍게 운동하기

그다음은 운동이다. 나는 고도비만 내담자나 우울증 내담자에게 운동하자고 해놓고 상담사인 내가 운동을 하지 않는 것은 말이 안 된다고 생각했다. 막상 운동을 시작하니 겨우 30분 했는데도 온몸이 욱신거렸다. 일주일에 세 번은 한 시간씩 걷고, 요가 앱을 보며 간단한 요가를 하고 있어 어렵지 않으리라 생각했는데 근력운동은 처음이라 힘들었다.

초보가 되는 기분은 그다지 좋지 않았다. 게다가 며칠 운동하기 시작했다고 몸이 바로 달라지는 것도 아니다. 몸은 힘들고 아플 뿐이다. 그러나 피하지 않고 매일 30분씩 운동하다 보니 어느 순간 근력이 생겼다.

혼자서 할 수 없을 때는 비용을 들여 체계적으로 배우는 것도 방법이다. 나도 트레이너 선생님을 따라 운동을 시작했다. 20대 중반의 선생님은 "다 따라 할 필요 없어요. 여기 분들은 2~3년 정도 하신 분들이니까요. 하다가 힘들면 쉬어도 돼요."라고 말했다. 그 말을 듣는 순간 힘이 났다. 주변 사람들과 비교하고 속도를 억지로 맞추다 포기할 필요는 없다. 내가 할 수 있는 수준, 나의 역량을 정확하게 이해하고 과거의 나보다 조금 나아졌다면 그걸로 된 것이다.

신경가소성은 두뇌가 고정되지 않고 변화하는 능력을 말한다. 새로운 일을 시작하면 뇌는 새로운 뉴런의 가지를 뻗치고 뉴런 사이의 연결을 수정한다. 즉, 뇌는 끊임없이 변화한다. 일단 새로운 무언가를 시작하는 것만으로도 도움이 된다. 마음은 몸과 밀접한 관련이 있다.

스트레스가 심할 때는 휴식 그리고 명상

현재 '번아웃' 상태라면 휴식을 취하는 것이 필요하다. 병원에 갈 정도가 아닌 가벼운 우울일 때는 쉬는 게 도움이 된다.

매일 정신없이 바쁠 때가 있었다. 상담을 하고 학술지 논문을 준비하고 책을 수정하면서 컴퓨터 키보드 앞에 앉으면 절로 "아, 쉬고 싶다. 아무것도 하기 싫다."는 말이 나왔다. 책이 나온 뒤에는 인사를 드릴 분들, 연락해야 할 곳들이 늘어났다. 내가 좋아서 한 일들이 짐이 되어가는 것 같았다. 그래서 잠시 멈추고 휴식 시간을 가졌다.

마음을 무시하고 계속 달려만 나가면 스트레스만 가중된다. 좋아하는 TV 프로그램을 보는 것도 도움이 된다. 인생을 그렇게 심각하게 살 필요는 없다. 아이들은 별것 아닌데도 깔깔

웃는다. 모든 것을 새로운 눈으로 보라. 심각한 시사교양 프로그램은 건강이 좋아지고 나서 봐도 된다.

그리고 오전이나 오후에 잠시라도 명상이나 기도를 하자. 바쁘고 시간이 없지만 단 5분이라도 잠시 자신을 위한 시간, 뇌를 쉬게 하는 시간이 필요하다. 마사지를 받거나 목욕탕에 가는 것도 도움이 된다.

마지막으로 블랙독이 나를 붙잡고 있을 땐 솔직하게 감정을 털어놓고 매일의 감정을 일기처럼 적어보는 것도 좋다. 자신의 감정을 찬찬히 살펴보자.

우울한 사람에게 어설픈 희망의 말은 도움이 되지 않는다. 우울한 이들이 가장 듣기 싫은 게 '힘내', '파이팅'이라는 말이다. 우울한 사람들의 고통이 어느 정도인지는 나 역시 다 알지 못한다. 사는 게 얼마나 힘들면 죽음을 생각했을까 싶다. 그런데 오랜 상담 끝에, 그래도 살아보려 한다는 내담자의 말을 들을 때가 있다. 그러면 그가 블랙독으로 삶을 끝내지 않아서 다행이라는 생각이 든다. 또한 앞으로 블랙독이 나타나도 길들일 수 있기를 바란다. 블랙독이 금방 사라지거나 작아지지는 않겠지만, 길들일 수는 있다는 걸 기억하자.

심장이 두근거리고
숨 쉬기 힘들어요

"불안은 피할수록 커진다. 치료받는 것도 용기가 필요하다."

상담실에 들어온 주미는 팔짱을 낀 채 의자에 몸을 기대고 앉았다. 상담실에 와서도 이런 태도면 평상시에는 어떤 모습일까 궁금해졌다. 내담자의 비언어적인 반응은 많은 메시지를 전한다. 상담은 내담자와 상담사가 협력해서 진행해야 하는데 주미처럼 조금도 마음을 열 생각이 없는 경우는 라포rapport(상담이나 교육을 전제로 하는 신뢰적인 인간관계) 형성이 어렵다.

주미는 공황 증상이 생겨서 어쩔 수 없이 왔다고 했다. 아무런 꿈도 없고 감정도 느껴지지 않는다고, 그저 가슴이 답답한 증상만 사라지면 좋겠다고 했다. 주미는 출근할 때 땀을 비 오듯 흘리고 숨을 쉴 수 없어서 구급차를 불러 응급실에 두세 번

실려 간 적이 있다. 이후에도 출근을 앞둔 일요일 저녁이 되면 머리가 어지러웠다. 주미는 출근만 생각하면 극심한 공포가 밀려와서 두렵다고 했다.

주미는 언뜻 화가 나 보이지만 내면은 토라진 어린아이 같다는 느낌이 들었다. 가끔 손이 미세하게 떨렸고, 상담받는 상황 자체에 두려움을 느끼는 것 같았다. 상사와의 관계가 어떤지 물어보자 최근 프로젝트 실적이 제대로 나오지 않아 지적받는 일이 많아 힘들고 불안하다고 했다. 주변 사람들의 눈총을 견디다 보니 가슴 통증이 점점 심해진다고 괴로움을 호소했다. 자신의 몸이 고장나버린 것 같아 속상하다며 울었다. 상담사도 자신을 이상한 사람으로 보는 것은 아닌지 불안하다고 했다.

고통은 숨길수록 점점 더 커진다

공황panic이라는 말은 그리스 신화의 판Pan이라는 신이 동굴 속에 숨어 있다가 지나가는 사람을 놀래켜 사람들에게 공포감을 심어준 데서 비롯되었다. 공황 증상은 예고 없이 갑작스럽게 신체적으로 나타난다. 내담자들이 공황 증상으로 심리 치료실에 오기까지는 상당한 시간이 걸리는데, 응급실에 두어 번 실려가고 내과를 방문했다가 오는 경우도 있었다. 증상에 대한 정보의 홍수 속에서 올바른 정보를 찾지 못해 타이밍을 놓치는 경우도 많다.

공황장애로 힘들어하는 이들에게 《올리비아의 공황장애 탈출기》를 소개하고 싶다. 저자는 자신이 공황장애로 힘들었던 과정을 만화로 그려냈다. 서른 살 주부 올리비아는 지하철을 타고 외출하다가 공포를 경험한다. 아무 이유도 없이 미칠 것처럼 어지럽고 머리가 멍해지면서 진땀이 나고 비좁은 곳에 갇힌 듯 가슴이 답답해졌다. 나중에는 식욕도 잃어 열흘 동안 15킬로그램이 빠지기도 했다.

공황 증상으로 죽음에 이르는 일은 없지만 직접 겪은 이들의 공포는 엄청나다고 한다. 우리의 몸은 상황이 위험하다고 느끼면 바로 도망갈 준비를 한다. 심장은 빠르게 혈액을 공급하고 맥박이 빨라지면서 불수의근(내 의지와 상관없이 스스로 움직이는 근육)의 활동이 촉진되고 이로 인해 호흡곤란이 일어난다. 즉, 위험 상황을 피하려는 뇌의 신호가 오히려 위험 상황에 빠진 것 같은 착각을 불러일으키는 것이다.

공황 발작은 심장이 평소보다 빠르게 뜀, 진땀을 흘림, 몸이 떨림, 숨이 가빠지는 느낌, 질식할 것 같음, 가슴 통증이나 답답함, 토할 것 같은 느낌, 어지러움, 비현실감, 자기 통제를 상실하거나 미칠 것 같은 두려움, 죽음에 대한 두려움, 감각 이상이나 마비, 몸이 달아오르거나 추위를 느낌 등 열세 가지 증상 중 적어도 네 개 이상의 증상이 있어야 한다. 심장에 문제가 있다거나 두려운 상황을 피할수록 증상은 더욱 악화된다.

올리비아는 밖에 나가는 게 힘들어서 거짓말을 한다. 다쳐서 못 걷는다고 하거나 아이에게 문제가 생겼다는 등 여러 가지 핑계를 댄다. 나름대로 해결해보려고 순종 망아지 오줌이 들어 있다는 알 수 없는 약도 구입하지만 결국 심각한 공황 발작을 경험하면서 치료실을 찾는다.

그녀는 너무나 고통스러워 딸들이 성인이 되는 10년 후 자살하겠다고 생각하기도 했다. 하지만 어차피 죽을 거라면 밑져야 본전이니 노력해보기로 결심했다. 그렇게 병원에 입원했다가 퇴원한 올리비아는 약물 치료와 심리 치료를 받는다. 흔히 문제의 원인을 알면 문제가 해결되는 것처럼 오해하는데 세상에 그렇게 쉬운 일은 없다. 원인을 알아도 꾸준히 약을 먹고 치료를 받아야 공황의 횟수나 강도가 줄어든다.

공황 증상을 마주할 수 있는 용기

환자는 공황장애의 심리적인 측면을 인정하지 않는 의학적인
실수와 용기를 내기보다 자신을 책망하는 정신적인 실수 때문
에 치료를 시작하기까지 귀중한 시간을 허비하곤 합니다.

_《올리비아의 공황장애 탈출기》 중에서

공황 증상으로 찾아온 대다수의 사람들은 자신을 책망하느라
시간을 보내는 경우가 많다. 독감에 걸렸을 때 왜 몸을 신경
쓰지 않았는지 자책하느라 병원에 가길 미루는 것은 어리석은
행동이다. 마찬가지로 정신적인 어려움이 있다고 해서 자책할
이유는 전혀 없다.

공황장애의 원인은 유전적인 요인과 심리적 스트레스로 인
한 사회적 요인, 가족이나 대인 관계 및 물리적 환경에 의한
환경적 요인, 뇌 신경전달물질의 불균형 같은 신체적 요인 등
이 있다. 공황 증상이 나타난 초기에 치료를 받은 사람들은 짧
은 기간에 치료 효과가 좋은 편이다.

공황장애를 치유했다는 건 두려움에 맞서는 법을 배웠다는
뜻이기도 하다. 때로 지나치게 과민해져서 불안이 높아지면
자신의 느낌과 생각을 사실로 받아들인다. 공황 증상이 나타

나면 불안을 경험하는 건 사실이지만 이 고통은 진짜가 아닐 수도 있다. 이때는 과호흡을 하지 않고 침착하게 숨을 쉬는 것이 중요하다. 서두르지 않고 천천히 숨을 들이마시고 내쉬는 것이다. 또한 평소에 술, 담배, 카페인을 하지 않고 스트레스를 줄이려고 해야 한다.

공황장애에는 주로 약물 치료와 인지행동 치료를 실시한다. 일단 공황과 공황장애에 대해 충분히 이해한 다음, 자신의 증상을 관찰하고 기록한다. 그런 다음 근육이완 훈련이나 호흡 조절법을 배운다. 신체적 감각을 지나치게 위험한 것으로 생각한다면 비합리적 사고를 바꾸는 인지 재구성이 필요하다. 불안한 상황을 피하지 않고 단계적으로 노출함으로써 불안감을 줄여나가는 것이다. 예를 들어 지하철 타는 것이 두렵다면 처음에는 역 근처까지만 가보고 다음부터 조금씩 들어가는 식으로 쉬운 단계부터 어려운 단계까지 하나씩 실천하면 된다.

가장 중요한 것은 반드시 낫겠다는 의지와 목표 의식이다. 올리비아는 심리 치료를 받으면서 숨겨놓았던 아픈 마음을 솔직히 이야기한다. 아기를 낳고 일주일 뒤에 가장 친한 친구가 자살했던 아픔, 자신이 못생겼다고 생각하는 마음의 비밀을 털어놓는다. 정신분석에서는 불안을 촉발시키는 두려움, 충동을 억압하지 못할 때 위협을 느끼고 공황 증상이 나타난다고 한다.

올리비아는 조금씩 용기를 내서 자신을 표현하고, 사람들을 만나면서 편안함을 느낀다. 그리고 아이들은 그런 고통을 경험하지 않았으면 좋겠다고 한다. 나중에 올리비아는 자신이 두려워하던 죽음과 불안을 그림으로 그리면서 인생의 전환기를 맞이한다. 더욱 깊이 자신을 표현할 수 있는 기회를 갖게 된 것이다. 아울러 자신의 경험을 많은 이들과 나누고자 책을 낸다.

불안은 피할수록 점점 더 커진다. 공황 증상으로 힘들어하고 있다면 치료받을 용기를 내기 바란다. 심리적 문제는 당신의 잘못이 아니다.

딱 맞는 일을 찾고 싶어요

"미래는 저절로 주어지지 않는다.
몸으로 부딪히며 찾아야 한다."

자신이 무엇을 잘하는지, 진로와 관련된 불안으로 상담실에 오는 이들이 많다.

"제가 잘하는 걸 찾으면 좋겠어요. 그걸 찾으면 의미 있게 살 수 있을 것 같아요."

"제 적성을 찾아서 천직을 구하고 싶어요."

"제 비전을 알고 싶어요."

지금 하는 일은 내 길이 아닌 것 같아서 뭔가 더 특별한 비전이나 직업이 어딘가에 숨어 있을 것만 같다. 그런데 만일 당신의 천직이 청소부라면 어떻게 할 것인가?

당신의 진로를 알려주는 놀라운 세계

진로에 대한 그 어떤 고민도 필요 없이 갈 길을 정해주는 세계가 있다. 영화 〈가타카〉는 유전자 면접으로 진로가 결정되는 미래의 세계가 배경이다. 주인공 빈센트는 근시에다 병에 잘 걸리는 약한 몸을 타고났기 때문에 그에게 주어진 직업은 청소부였다. 대개 영화 속 주인공들이 자신의 운명을 그대로 받아들이지 않는 것처럼 빈센트 역시 현실을 받아들이지 않았다. 그는 우주비행사가 되고 싶었다.

빈센트는 우주탐사팀을 보내는 회사 가타카에 들어가기 위해 DNA 중개인을 통해 수영선수였지만 지금은 장애가 있는 제롬의 유전자를 샀다. 그리고 키를 늘리는 수술을 하는 등 그와 비슷한 외모를 갖기 위해 노력했다. 우주선 조종사가 되기 위해 그는 무수한 시험을 통과해야 했다.

빈센트처럼 꿈이 있다면 그것을 실현할 수 있는 곳으로 가야 한다. 원하는 일과 직업에 대해 생생하게 그림을 그려야 한다. 요즘은 인터넷으로 자신이 원하는 직업에 대해 웬만한 정보는 다 찾을 수 있다.

원하는 뭔가가 되려면 삶을 조금씩 바꿔야 할 수도 있다. 빈센트가 우주비행사가 될 수 있었던 건 결국 유전자 덕분이 아니라 매일의 연습과 노력의 결과였다. 인생에서 열심히 해도 안 되는 일이 더 많지만 일단은 무엇이든 시작해보는 수밖에 없다.

일단 한 발을 내디뎌보기

원하는 직업이 있다면 그 일을 하고 있는 사람의 블로그나 SNS를 찾아보는 것이 좋다. 관련된 세미나나 강의에 직접 참석하는 방법도 있다. 유사한 직종에서 아르바이트를 하며 경력을 쌓는 것도 도움이 된다.

나는 상담사가 되기 위해 대학원 시절 상담소 인테이커intaker부터 시작했다. 상담 접수를 받는 일이었는데 이 일을 하면서 접수 면접, 상담 과정 등 상담소가 돌아가는 과정을 구체적으로 살펴볼 수 있었다. 그때 알게 된 상담 선생님을 통해 16시간 집단상담사 연수 과정에 참여했다가 청소년 집단상담 지도자가 되었고, 이후 청소년상담지원센터에서 청소년 동반자로 근무하게 되었다.

처음부터 자기의 길을 잘 찾아가는 이들도 있지만 때로는 차선책으로 선택한 일이 직업이 되어 성공한 사람들도 있다.

《책은 도끼다》를 쓴 광고인 박웅현 씨는 원래 언론사나 방송국 기자를 꿈꿨지만 낙방 후 광고 일을 선택했다. 《아프니까 청춘이다》를 쓴 김난도 교수도 행정고시에 계속 떨어지고 교수가 되었다고 한다.

좋아하는 일을 찾기 위해 가장 중요한 것은 무엇이든 시도해야 한다는 점이다. 좋아하는 일을 찾으면 그 어떤 어려움도 견딜 수 있을 것 같다는 믿음이 사실인지 확인해봐야 한다. 취미는 즐거우면 그만이지만 직업에는 책임이 필요하다. 반복적으로 일을 하다 보면 아무리 즐거웠던 일도 언젠가는 지겨워질 수 있다.

좋아하는 일과 현실은 다르다

대학원 시절 실업계 고등학교에서 아이들을 상담한 적이 있다. 고1 때부터 직업 선택을 고민하는 아이들이 한 번쯤 생각해보는 직업이 있었는데, 바로 메이크업 아티스트와 헤어디자이너다. 아이들은 회사에서 사무 보는 일은 죽어도 하기 싫다며 디자이너의 꿈을 불태웠다.

문제는 비용이었다. 007가방처럼 생긴 무거운 메이크업 박스는 보기보다 상당히 고가였고, 학원 수강비 역시 만만치 않았다. 그러나 꿈을 쫓는 아이들은 부모와 치열하게 협상해서 겨우 메이크업 장비를 마련하고 반짝반짝 빛나는 아티스트로서의 삶을 갖기 위해 노력했다. 그렇게 힘들게 시작했음에도 대부분의 아이는 곧 지쳐 학원을 그만두고 디자이너의 꿈도 접었다.

디자이너가 창의적인 일이라고 생각할지 모르지만 실상은 단순한 일을 반복적으로 해내야 하는 지루한 과정이 필요하다. 화려해 보이기만 하는 결과물들은 수많은 연습과 노력의 결과다. 나는 헤어디자이너로서 열정을 지닌 이가 있다면 아이들에게 도움이 될 거라고 생각했다. 그리고 해외 봉사활동을 가는 길에 정말로 그런 사람을 만났다. 의사, 간호사, 미용사는 국내외 봉사에 꼭 필요한 사람들이다. 어디를 가나 그들의 도움을 원하는 사람들이 있기 때문이다. 20대 중후반으로 보이는 그 헤어디자이너는 수많은 캄보디아 아이들의 머리를 만지면서도 미소를 잃지 않았다.

열정을 가진 사람은 반짝반짝 빛난다

봉사를 마치고 나는 그 헤어디자이너를 만나 이런저런 이야기를 나누었다. 그녀는 고등학생 시절 학업에는 별로 흥미가 없었다고 했다. 헤어디자이너가 되고 싶었는데 학원비도 비싸고 부모님도 허락하지 않을 것 같아서 미용실 보조로 일을 해보기로 했다. 동네 미용실 여러 곳에서 여러 번 퇴짜를 맞은 후 한 미용실에서 겨우 일할 수 있었다. 그녀는 그곳에서 손님을 대하는 법도 배우고, 바닥에 수북하게 쌓인 머리카락을 치우면서 소소한 기술을 익히기 시작했다.

졸업 후에는 모 대학의 미용 관련 학과에 입학했지만 수업 내용이 실무를 따라가지 못하는 것 같아서 한 학기 만에 그만두었다. 계속 동네 미용실에서 보조로 일하다 우연히 따라간 미용대회에서 헤어 모델을 하게 되었고, 그때 알게 된 분의 소개로 강남에 있는 헤어숍에서 보조 디자이너를 시작했다. 강남의 실력 있는 헤어디자이너들 사이에서 그녀는 좀 더 일에 몰두하기로 결심했다.

그 후 그녀는 3년 동안 미용 기술을 독학했다. 한창 놀고 싶은 20대에 낮에는 일하고 밤에는 연습했다는 그녀가 대단해 보였다. 그렇게 그녀는 서른이 되기 전에 유명 헤어숍의 헤어디자이너가 되었고, 이 일을 천직으로 여기고 있다.

물론 그녀도 일이 지겨운 적이 있었을 것이다. 젊고 아름다운 20대에 친구들을 멀리하고 아무도 알아봐주지 않는 곳에서 긴 수련의 시간을 보내는 건 결코 쉬운 일이 아니다. 그러나 그녀는 직장을 밥벌이 수단이 아니라 훈련하는 공간으로 여기고 조금씩 성장하는 자신의 모습을 즐겼다. 나 역시 여러 직업들 사이에서 방황했지만 20대로 돌아간다고 해도 그녀처럼 그렇게 일할 수는 없을 것 같다.

천직을 찾아가는 과정

좋아하는 일을 천직으로 만들고 싶다면 짧은 기간이나마 수련 과정을 거쳐야 한다. 그리고 다음과 같은 단계를 밟아나가야 한다.

첫째, 전문직 사람들이 지금의 성공을 위해 힘든 과정을 겪어왔다는 것을 인정한다. 처음 일을 시작할 때는 고되고, 의미가 없어 보이고, 하찮은 일을 하게 된다. 첫 직장이 원하지 않던 곳일 수도 있다. 그렇다 해도 포기하지 않고 일을 하다 보면 그 일에 익숙해지고 실력을 갖추게 된다. 가끔 일이 지겹고 포기하고 싶을 땐 자신이 어떤 땀을 흘리며 지금 이 자리에 왔는지 떠올려보자. 직장인이라면 당신도 분명 어렵고 힘든 과정을 지나왔을 것이다.

둘째, 일이 힘들고 의미를 찾기 어려울 땐 돈을 받지 않고 봉사를 해보자. 누군가를 위해 아무 대가 없이 일했을 때, 타인에게 좋은 영향을 미치게 되면 일의 의미는 다르게 다가올 것이다.

셋째, 뭔가를 이루기 위해서는 혼자 있는 시간이 반드시 필요하다. 온전히 혼자 있는 시간, 사람들과의 관계를 잠시 끊고 자신이 목표하는 것을 이루기 위해 고독의 시간을 견뎌내야 한다. 자신이 이루고 싶은 게 무엇인지는 자기만이 대답할 수 있다.

아침에 일찍 일어나 오전 6시에서 7시 사이에, 한 시간 일찍 출근해 오전 8시에서 9시 사이에, 밤에 퇴근해서 밤 10시에서 11시 사이에 자기만의 프로젝트를 시도해보자. 현재의 직업에서 스페셜리스트를 꿈꾸거나, 다른 직업으로의 전환을 꿈꾼다면 이렇게 특별한 프로젝트를 시작하는 게 필요하다. 나 역시 매일 종합심리보고서만 쓰다가 내가 쓰고 싶은 글을 틈틈이 쓰기 시작했고, 용기를 내어 블로그에 글을 올렸다가 출간 제안을 받고 첫 책을 냈다.

누구나 끊임없이 바위를 굴리는 시시포스가 된 것처럼 매일의 밥벌이가 지겨워질 때가 있다. 일이 밥벌이에서 끝나지 않고 천직으로 바뀔 수 있는 건 아주 작은 차이에서 비롯될지도 모른다.

　로먼 크르즈나릭Roman Krznaric의 《인생학교: 일》을 보면 천직은 의미, 몰입, 자유를 주고 성취감을 느끼게 한다고 한다. 자신의 일에 대한 명확한 목표 또는 목적의식은 천직을 찾는 중요한 요소다. 천직을 찾고 싶다면 그 일을 선택하는 동기와 목적이 무엇인지부터 생각해보는 게 필요하다. 그리고 천직은 어느 날 갑자기 깨닫기보다는 직접 행동하며 나서는 과정에서 알게 된다. 천직을 찾았다고 해도 길고 지루한 시간을 투자하고 겪어내야 할 수도 있다.

　어떤 직업을 갖고 뭔가가 되어야만 행복하다면 과정의 즐거움을 깨닫지 못한다. 진로는 주어지는 것이 아니다. 직접 몸으로 부딪히는 과정에서 자신이 어떤 사람인지 깊이 있게 탐색한 사람만이 자신의 정체성을 찾을 수 있다.

트라우마에서 벗어날 수 없어요

"인생의 진정한 여행은 내면으로의 여행이다."

"트라우마trauma 때문에 힘들어요."

언제부턴가 초등학생부터 어른까지 트라우마라는 단어를 자주 이야기한다. 트라우마는 심리적인 외상으로, 심한 스트레스를 초래한 재해나 사고를 당한 후 그와 비슷한 상황에 놓이면 불안해하는 것을 의미한다. 최근에는 친구에게 따돌림을 당한 후 사람을 만나기가 두렵다거나 여자 친구와 헤어진 후 여자를 못 믿겠다는 등 일상에서 상처를 받고 그 트라우마로 삶이 힘들다고 말하는 이들이 많아졌다.

상처로부터 벗어나고 싶은 당신에게

트라우마는 그리스어로 몸이나 마음이 다치는 것, 즉 상처를 의미한다. 애들레이드 대학교 트라우마 스트레스 연구센터장인 알렉산더 맥팔레인Alexander McFarlane은 외상 스트레스 요인을 세 가지 유형으로 설명했다. 삼풍백화점이나 지진, 교통사고와 같이 갑작스런 재난으로 높은 강도의 사건을 경험하는 것, 중환자실 의사처럼 지속적으로 높은 스트레스 상황을 경험하는 것, 가족 내 학대처럼 무기력감을 느끼는 상황에 반복적으로 노출되는 것이다. 이런 상처를 입은 사람은 그 상황과 감정으로부터 즉각적으로 벗어나고 싶어 한다.

영화 〈아이언맨 3〉에서 토니 스타크는 트라우마 때문에 아이언맨 슈트에 의지했고 잠을 이루지 못했다. 외계인과의 전쟁 이후 극심한 스트레스로 '외상 후 스트레스 장애'에 시달린 것이다. 보통 급성 스트레스 장애는 4주 이내에 회복되지만 한 달 이상 지속되면 외상 후 스트레스 장애로 진단한다. 스트레스 반응으로는 소리에 예민해지고 악몽을 꾸거나 잠을 자지 못하고 당시 사고가 떠올라 고통을 겪는 것 등이 있다.

외상 후 스트레스 장애는 사건으로 인한 요인, 외상 전 과거 요인, 외상 이후 요인 모두가 영향을 미친다. 생명에 위협을 느낄 만큼 심각한 사건이라면 더욱 그렇다. 외상 전부터 부모와의 관계가 어려웠고 우울 또는 불안 증상이 있었거나 외상 후 친구 관계가 힘들고 타인을 만나는 게 부담스러워 고립되어간다면 스트레스는 더 심각해진다.

대부분은 충격적 사건을 경험하면 불쾌한 기억과 감정을 차단하려고 노력한다. 부정적인 감정을 피하려고 하지만 신경은 점점 날카로워지고 불면증에 시달린다. 토니는 스트레스를 피하기 위해 자신을 보호해주는 아이언맨 슈트 제작에만 몰두했다. 즉, 자신의 감정을 보기 힘들어서 자신의 일을 '더 잘하겠다'며 노력하는 것이다. 내면의 약함을 들여다보기보다 슈트 안으로 숨은 그는 〈스타워즈〉의 다스베이더처럼 자신과 가면을 일체화한다. 사회의 소리, 외부의 평가에 굴복해 그것이 자신이라고 믿어버리는 것이다. 토니는 영화 속에서 다양한 슈트를 바꿔 입는데, 이는 사회적 가면인 페르소나를 이것저것 돌려쓰는 것과 같다.

물론 상처를 입고도 원래의 모습 그대로 살아갈 수는 없다. 그러나 감정을 부정하고 페르소나에 매몰되면 자기가 누구인지를 잊어버리게 된다. 아이언맨 슈트는 밖으로 나가 적과 맞서 싸울 때는 꼭 필요하지만 일상에서는 벗고 있어야 한다. 결국 토니는 적의 공격으로 집이 폭발하고 나서야 아이언맨 슈트에서 분리된다. 토니가 눈 위에 불시착해 슈트를 질질 끌고 가는 장면은 적절한 사회적 가면은 삶에 도움이 되지만 때론 짐이 될 수도 있다는 것을 보여준다.

외부의 공격으로부터 상처받지 않기 위해 당신이 사용하는 아이언맨 슈트는 무엇인가? 토니처럼 일에 매몰되거나 술을 마시거나 TV를 보면서 문제를 회피하고 있는 건 아닌지 살펴볼 필요가 있다.

외상 경험을 털어놓는 것부터가 시작이다

외상 후 스트레스 장애는 인지행동 치료가 도움이 된다. 사건에 대한 불합리한 생각이 스트레스를 더 키운다면 내면으로 깊이 들어가 감정을 직면해야 한다. 토니는 자신을 보호하던 슈트를 내려놓고 연약하고 어린 자아를 만나면서 점차 회복된다. 우연히 만난 소년은 토니의 이야기를 들어준다. 힘들었던 외상 경험을 솔직하게 말하는 건 매우 중요하다.

우리 모두에게는 작은 오두막이, 내면의 작은 아이를 안아주는 시간이 필요하다. 고통을 숨기기에 급급했던 슈트를 버리고 진짜 나를 만나야 한다.

결국 토니는 적과의 전쟁에서 이긴다. 자신이 보호해야만 한다고 여기던 남성 안의 여성성, 즉 자신의 단짝인 페퍼 포츠의 도움으로 이길 수 있었다. 그리고 수많은 아이언맨 슈트를 폭발시켜버린다. 심장같이 생긴 아크 원자로도 떼어버리는데, 이는 내면 깊숙이 뿌리박힌 기계적인 모습을 벗어버리는 것처럼 보였다.

토니처럼 자신을 보호하기 위해 착용했던 슈트를 벗고 내면의 연약함을 받아들일 때 우리는 비로소 성장할 수 있다. 신학자이자 영성가인 헨리 나우웬Henri Nouwen의 말처럼 우리는 '상처 입은 치유자'가 된다. 큰 상처를 받고 치유된 사람은 다른 이의 상처에 민감하게 공감할 수 있다.

내면의 아이를 치유하려면 처음 문제가 발생했던 단계로 돌아가야 한다. 토니처럼 외계인의 침공으로 고통스러웠던 순간이든, 부모에게 상처받은 순간이든 그때로 돌아가서 보고 싶지 않았던 사실을 직시하고 받아들여야 한다. 충분히 애도하고 나면 자유로움을 느끼며 자신이 알지 못한 놀라운 내면의 힘을 발견할 것이다.

우리가 감정을 솔직하게 표현하지 못하고 가면을 쓰는 것은 가족 안에서 감정을 드러내는 게 허용되지 않았을 때부터 시작된다. 긍정적인 정서만을 강요당하거나 슬픔을 억누를 때, 가족의 비밀이 있을 때 정서는 억압된다. 부모에게 성적이 좋을 때만 인정받거나 착한 모습만 받아들여지는 경우도 그렇다. 이런 양육 환경에서 자라 타인에 대한 기본적인 신뢰가 약하면 자신의 좋은 면만 보여주려고 하게 된다. 버림받거나 거절당하는 게 두려워 솔직하게 표현하지 못하는 것이다.

대부분의 사람들은 자신의 고통과 직면할 때 극심한 불안에 휩싸이기 때문에 이를 피하려고만 한다. 그래서 외상 후 스트레스 장애를 치료할 때는 전문가와 함께 외상 사건을 단계적으로 노출시켜 바라보게 한다. 과거의 고통이지만 현재 일어난 것처럼 생생하게 체험하고 두려움을 느끼기 때문에 대부분은 회피하는 패턴을 보인다. 토니가 고통을 잊기 위해 일에 몰두한 것처럼 말이다.

자신의 약점을 직시할 때 비로소 성장할 수 있다

트라우마에서 벗어나려면 내면의 깊은 감정으로 내려가 슬프고 힘들었던 시간을 솔직하게 표현하는 것부터가 시작이다. 겹겹이 둘러싸인 요새와도 같던 집이 사라지고 슈트도 벗겨지면서 그를 둘러싼 모든 가면이 사라졌을 때 토니가 비로소 자신을 바라볼 수 있었던 것처럼 말이다. 상담실에서 내담자는 상담사를 신뢰할 수 있을 때 자신의 숨겨진 이야기를 하기 시작한다. 상담실에 티슈가 있는 건 숨겨온 감정을 솔직하게 표현할 수 있는 안전한 장소라는 뜻이다.

인생의 진정한 여행은 내면으로의 여행이다. 《모험으로 사는 인생》에서 폴 투르니에Paul Tournier는 우리 안에는 모험 본능과 정착 본능이 동시에 존재해서 늘 갈등한다고 했다. 가면을 버리고 안정을 포기한 사람은 모험을 시작한 것이다. 고백은 매우 중요하다. 강하고 괜찮은 모습만 보이려고 했던 걸 멈추고 숨겨놓은 자신의 약점을 직시할 때 진짜 힘이 생긴다. 자기 돌봄은 이로부터 시작된다. 비로소 외상이 상처로만 끝나지 않고 그로 인해 한층 더 성장할 수 있다.

내면의 감정을 표출하지 못해 응어리져 있으면 부정적인 정서는 찌꺼기처럼 마음속에 남는다. 직접 그 감정을 대면해서 스스로 풀어내야 한다. 그 무엇으로도 가리거나 보호하지 않고, 있는 그대로의 모습으로 자신과 만날 때 비로소 트라우마는 치유될 것이다.

후회가 많아 잠이 오지 않아요

"삶에서 한 선택에 대해 후회할수록
삶의 질도 떨어진다."

"그때 전 왜 그랬을까요? 혼자 이불 킥을 하며 후회하는 날이 많아요. 과거를 돌릴 수만 있다면 지금 전 아주 달라졌을 텐데요."

상담실을 찾은 사람 중에는 과거를 후회하는 이들이 많다. 과거에 다른 선택을 했다면 지금보다 훨씬 나은 결과를 얻었을 거라고 말한다. 이런 생각을 하는 사람들은 보통 현재의 삶에 만족하지 못하고 습관적으로 과거를 후회하며 자책하는 경우가 많다.

사후 가정 사고를 자주 한다면

정신건강의학과에서 상담과 함께 종합심리검사를 하다 보면 문장 완성 검사에서 사람들이 가장 많이 하는 후회는 '내가 좀 더 공부를 열심히 했다면'이었다. 여성의 경우 '결혼을 하지 않았다면', '전문직을 가졌더라면'이 많았다.

사후 가정 사고counterfactual thinking는 자신이 생각하는 대로 일이 흘러가지 않을 때 '만약 …했다면'이라는 조건과 '…했을 텐데'라는 결과로 구성된다. 즉, 과거로 돌아가서 다른 선택을 했다면 현재 결과가 달라질 것이라고 생각하는 것이다. 과거에 다른 행동을 했으면 상황이 더 나아졌으리라 생각하는 것은 상향식 사후 가정 사고, 상황이 더 나빠졌으리라 생각하는 것은 하향식 사후 가정 사고다. 연구에 따르면 과거의 선택에 대해 후회할수록 삶의 질도 저하된다. 그래서 현재에 불만이 많을수록 시간 여행 같은 상상을 자주 하기도 한다.

과거를 바꾸고 싶은 당신에게

영화 〈어바웃 타임〉의 팀은 과거로 돌아갈 수 있는 시간 여행

능력을 갖고 태어났다. 마치 다시 태어나는 것처럼 옷장 안에 들어갔다 나오면 과거로 돌아갈 수 있다. 시간 여행을 통해 팀은 고백 타이밍을 놓친 첫사랑을 찾으려 한다. 시간을 되돌려, 첫사랑에게 고백했지만 그들 사이에는 어떤 교감도 없었고 사랑은 이뤄지지 않았다. 과거로 돌아가도 안 되는 일이 있었다.

어느 날 팀은 어두운 블라인드 카페에서 메리를 만난다. 어둠 속에서 무엇도 볼 수 없었기에 그는 메리의 말에 더욱 귀를 기울였다. 엉뚱한 농담과 이야기를 주고받으며 출구로 나오는 메리를 기다렸고, 환하게 웃는 그녀를 만나 사랑에 빠졌다. 첫사랑은 겉모습에 끌렸지만 메리와는 정서적 교감, 즉 대화가 통했기에 이어질 수 있었다.

역시 시간 여행자인 팀의 아버지는 아들에게 행복을 위한 공식을 알려주었다. 일단 하루를 평범하게 살고, 다시 똑같은 하루를 살아가라고 했다. 그렇게 되면 다시 세상을 제대로 경험할 수 있다면서. 팀은 여러 번의 시간 여행 후 행복한 가정을 꾸리게 된다. 그리고 시간이 흘러 아버지의 죽음을 막기 위해 시간 여행을 떠났지만 과거를 바꾸면 곧 태어날 셋째 아이의 유전자 변이가 생겨 다른 아이로 바뀐다는 것을 알게 된다. 결국 아이를 위해 시간 여행을 포기한 팀은 어린 시절로 돌아가 아버지와 함께 해변을 걷는다. 사랑받는 아이였던 과거의 시간을 떠나보내고 아이들을 돌보는 아버지의 삶을 선택한 것이다. 어른이 된다는 건 과거와 이별하고 현재의 삶을 책임진다는 걸 의미한다. 이제 팀은 하루하루를 충실히 살아가며 더 이상 시간 여행을 하지 않았다.

현재에 머물 수 있는 알아차림

게슈탈트 치료Gestalt Therapy에서는 현재를 생생하게 살아가려면 '알아차림'이 중요하다고 말한다. 생각하고, 느끼고, 감지하고, 행동하는 것을 인식하고 현재를 중요하게 여기는 것이다. 그렇다. 인생은 모두가 함께하는 시간 여행이다. 그러므로 하루하루 충실히 살아가면 된다. 영화 속에서 비 오는 날의 결혼식도 즐겁게 받아들인 것처럼 말이다.

나 역시 '지금 이 순간'을 생생하게 느낄 수 있었던 블라인드 체험을 해본 적이 있다. 예술의 전당에서 열린 '어둠 속의 대화'dialog in the dark 전시회에서였다. 그곳에는 캄캄한 어둠만이 있어 아무것도 볼 수 없었다. 손의 감각에 의지해 한 걸음 한 걸음 움직였다. 시각이 사라지니 다른 모든 감각이 살아난 것 같았다. 물이 흐르는 소리, 시원한 바람 소리가 느껴졌다. 다리를 건너 향기가 나는 곳에서 우리를 인도하는 시각장애인이 음료수를 한잔 권했다. 코로 향을 맡고 혀로 맛보았다. 눈이 보이지 않으니 옆 사람의 말에 더욱 귀 기울이게 되었다. 그제야 긴장이 풀렸고 눈을 떠도 보이지 않는 어둠이 편안해졌다. 그리고 마지막 출구로 나가 빛이 있는 일상으로 돌아왔다.

앞으로도 수없이 실수하고 이불 킥을 하는 날이 늘어날지도 모른다. 그러나 어둠 속에서 모든 걸 생생하게 느꼈던 것처럼 지금을 생생하게 살아갔으면 좋겠다. 과거를 후회하며 그때 다른 행동을 했다면 지금 더 나았으리라고 생각한다면 미래에 후회하지 않는 선택을 하는 데는 도움이 될지 모른다. 그러나 자책이나 후회를 반복하다 보면 당신에게 소중한 일상을 놓칠 수도 있다.

그러므로 현재의 삶을 새롭게 체험해가는 것이 중요하다. 스마트폰도, 컴퓨터도 없는 혼자만의 시간을 보내는 것은 어떨까. 자기 자신과 대화를 시작하면서 '지금 여기서' 다시 출발해보자.

과거에 타당성을 부여하기

과거에 대한 후회로 현재를 제대로 살아가지 못할 때, 이 문장이 도움이 될지도 모르겠다.

"그땐 그럴 만한 이유가 있었겠지."

누구나 과거에 일어난 이런저런 사건들로 자신을 탓할 때가 있다. 이럴 때 '그땐 그럴 만한 이유가 있었겠지'라고 스스로에게 이야기해보자. 지금은 기억나지 않더라도 그때는 그때의 이유가 있었을 것이다. 과거의 나를 탓하고 나무라기보다 왜 그랬는지 이해해보는 건 어떨까. 자신의 선택에 타당성을 부여하는 것이다.

우리는 과거에도 오늘도 내일도 수없이 많은 선택을 하고 실수하고 넘어질 것이다. 그럴 때마다 자신을 탓한다면 다음 길을 가는 것이 두려울 것이다. 실패를 두려워하고 잘하고자 하는 욕망 때문에 아무것도 못하는 사람들이 얼마나 많은지 모른다. 쓰러지고 넘어지고 무릎이 깨질지라도 나는 나의 길을 가면 된다. 과거는 과거대로 받아들이자. 그때는 그럴 만한 이유가 있을 거라고 믿으면서.

인생은 모두가 함께하는 시간 여행이다. 매일매일 살아가는 동안 우리가 할 수 있는 건 최선을 다해 이 멋진 여행을 만끽하는 것뿐이다.

_ 영화 〈어바웃 타임〉 중에서

나이 드는 것이 불안해요

"나이가 들었을 때에야 이해할 수 있는 것이 있다."

"나이 드는 게 두려워요."

29, 35, 39세…. 나이의 앞자리가 바뀌거나 인생의 전환점이 되는 시기에 상담실을 찾는 여성들이 있다. 나이가 들었는데도 아직 원하는 직업을 찾지 못한 것 같고, 주변 친구들이 하나둘 결혼하면서 외로움을 느끼게 된다. 어릴 때는 실수해도 괜찮았는데 더 이상 그럴 수도 없다. 내가 선택한 삶이지만 세상의 기준에 따라가지 못해 혼자만 겉도는 것처럼 느껴진다. 젊은 날의 매력은 사라지고 그렇다고 뭔가를 이루지도 못한 것 같은 두려움. 그래서 나이가 들어간다는 건 너무나도 서글픈 일이다.

매력을 잃어간다는 두려움

여성은 남성에 비해 아름다움을 더 가꿔야 한다고 생각하는 사회적 잣대가 여전히 존재한다. 사회적 편견 속에서 자란 여성 중 다수는 나이가 들며 젊음에서 오는 매력이 조금씩 사라지면 자존감이 낮아지기도 한다.

언젠가 'AGING BOOTH'라는 어플로 미래의 내 모습을 찾아본 적이 있다. 화면에는 주름진 얼굴과 머리숱 적은 노인이 나타났다. 자신의 매력을 잃는다는 건 두려운 일이다. 그러나 아무리 애를 쓴다고 해도 삶의 시계가 멈출 리는 없다. 이럴 때면 나는 나보다 더 많은 시간을 겪어낸 여성 작가들의 글을 읽는다.

나는 책 속에서 나의 고민을 들어주고 교감할 대상을 찾았다. 저자들은 삶이 뜻대로 되지 않아도 괜찮다며 소소한 속내를 슬쩍 드러내며 나도 너처럼 힘들다고 속삭이는 듯했다. 책한 권에서 거창한 것을 바라지는 않았다. 커피 두세 잔 정도의 위안이면 충분했다. 나보다 먼저 오랜 시간을 겪고 이미 나이듦을 경험한 이들의 글은 내게 작은 위안이 되었다.

나이 듦을 배우다

삶이 뜻대로 되지 않을 때는 그런 삶도 있는 그대로 받아들여야 한다는 사노 요코의 말이 떠오른다. 그녀는 에세이 《사는 게 뭐라고》에서 우울증으로 힘들었던 경험을 토로했다. 우리 각자의 삶에도 그런 아픈 구석이 하나쯤 존재하고 있을지 모른다. 그리고 이 아픔은 변하지도 않고 지속적으로 나를 힘들게 할 것이다. 하지만 우울증이 있든, 참을 수 없는 불안으로 힘들든 어쨌거나 살아가야 한다.

영화 〈해리가 샐리를 만났을 때〉를 쓴 노라 에프런Nora Ephron 역시 사노 요코처럼 이혼하고 상처로 힘겨운 시절을 겪어냈다. 이제 노라는 세상에 없지만 그녀의 글은 남아 있다. 삶이 힘들고 견딜 수 없을 때 그 시간을 경험한 사람들의 글만큼 위로가 되는 것은 없다. 툭툭 털어버릴 용기가 없어서 그저 방바닥에 누워버리고 싶을 때 들어오는 글들이다. 나도 언젠가는 인생의 희로애락을 녹여 누군가에게 전달할 수 있다면 좋겠다. 그녀의 글을 읽으며 나이가 들고 피부가 쭈글쭈글해져도, 여전히 삶이 힘들어도 누군가에게 삶의 지혜를 이야기해줄 수 있는 할머니가 되고 싶다고 생각하게 된다.

그리고 나는 살아남았다.

나의 신념은 '털고 일어나자'다.

나는 내 경험을 쾌활한 이야기에 녹여내 소설을 썼다.

_《철들면 버려야 할 판타지에 대하여》중에서

노희경 작가의 드라마 〈굿바이 솔로〉에서 젊은이들과 대화하는 미영 할머니도 좋아한다. 대부분의 드라마에서 노인의 역할이라고는 남녀 주인공의 결혼을 반대하거나, 치매에 걸려서 주변 사람들을 힘들게 하거나, 재력으로 권력을 휘두르는 대화가 통하지 않는 역할로 나온다. 나이 듦에 대해 배울 만한 사람들이 사라져버린 것처럼 말이다.

그래서 나이 든다는 건 소외의 근거가 된다. 지식이 권력이되면서 정보 습득이 느린 노인들은 어느 순간부터 뒤로 밀려나게 되었다. 나이가 드는 것은 더 이상 매력적이지 않은 일이되었다. 젊은이는 어른의 지혜를 배울 기회를 잃어버렸다.

화로의 여신이 건네는 위로

〈굿바이 솔로〉에서 미영 할머니는 작고 허름한 식당에서 밥을 짓는다. 말을 할 수 있지만 침묵하며 작은 칠판에 글을 써서 소통한다. 그러면서 출생의 아픔이 있는 사람, 어머니의 잦은 외도로 힘들어하는 사람, 돈은 있으나 가족에게 외면당하는 사람을 품어준다. 많이 배우지도 못한 왜소한 할머니에게서 사람들은 위로와 치유를 받는다. 마치 화로의 여신 헤스티아처럼 그녀는 삶에 지친 이들을 조용히 품어주고 먹여준다.

초보 상담자 시절 미영 할머니를 보면서 돌아가신 할머니가 생각났다. 당시 꽤나 지쳐 있었던 내게 할머니와의 기억은 잠시나마 휴식과 위로가 되어주었다. 누구의 도움도 필요 없는 것처럼 살아가고 있었지만 사실은 많이 힘들겠다며 괜찮다는 말을 듣고 싶었다.

시골 부엌 아궁이에서 나무들이 타닥타닥 타들어가는 소리가 들린다. "괜찮아. 괜찮아. 네 맘 다 알아." 할머니의 목소리가 들리는 것 같다. 내 안에 작은 불씨가 다시 타오르기 시작한다. 할머니는 돌아가셨지만 들려오는 할머니의 목소리에 다시 힘을 낼 수 있었다.

나보다 인생을 더 산 이들이 나눠준 불씨는 작지만 어둠을 밝힐 만큼 환하다. 그 불씨는 지친 마음을 따뜻하게 만져준다. 그들이 준 소중한 불씨가 꺼지지 않도록 잘 품어서 다른 이들에게 나눠주고 싶다. 세상의 거친 풍파를 견뎌낸 분들은 지식은 적을지 몰라도 지혜가 살아 숨 쉰다. 언젠가부터 우리는 이들의 지혜를 듣지 못하고 있다. 한때는 소녀였고 누군가의 어머니였던 그들의 지혜를 이제는 우리가 이어받아야 한다.

실패해도 괜찮다는 말 한마디

멋있게 나이 든, 본받고 싶은 선생님이 있다. 매달 임상심리전문가 슈퍼바이저 교수님을 뵈러 가는데, 교수님은 종합심리검사 보고서뿐만 아니라 상담에 필요한 부분도 자세히 이야기해준다. 그리고 내가 지쳐 보일 때마다 이런 이야기도 해주곤 한다.

"실패도 다 자산이 된단다."

"늦은 게 아니라 지금에서야 삶을 이해할 수 있는 때가 되었나 보다."

"조금 더 느긋하게 기다려봐."

교수님은 여유롭다. 살아갈 날보다 살아온 날이 많은 사람은 인생 전체를 조망할 수 있는 힘이 있다. 좋은 교수님을 만나서 그분의 태도, 성격, 관점을 배울 수 있음에 감사하다.

사람은 나이와 상관없이 생각만 젊으면 청년이라는 것을 교수님을 만나며 알게 되었다. 교수님은 늘 새로운 생각을 받아들이고 어떤 감정도 그대로 이해해주었다. 그리고 나의 부족한 점이 무엇인지도 말해주었다. 10년 넘게 스승으로 모시다 보니 인생이 내 뜻대로 되지 않는다는 것을 받아들이는 법도 배웠다. 언젠가 나도 선생님처럼 나이 들고 싶다.

가끔은 한 살 한 살 더해지는 숫자가 두렵고 새치가 하나씩 늘어날 때마다 슬퍼지지만 그래도 하루를 충실히 사는 데 의미를 둘 것이다. 세상에 변하지 않는 건 없다. 시간이 흘러가는 것을 안타까워하면서 보내기에는 삶이 아깝다. 나도 사노 요코처럼 재미있는 할머니가 되길 소망하며 나이 듦을 순순히 받아들이고 싶다.

악몽을 자주 꿉니다

"어떤 꿈도, 어떤 삶도 결국 당신에게 선물이 된다."

"거의 매일 밤 무서운 꿈을 꿔요. 뭐가 막 쫓아와요. 얼마나 무서운지 몰라요."

유하는 큰 고민거리가 없는데 잠을 제대로 이룰 수 없고 자주 깨서 상담실을 방문했다. 눈을 깜박이고 목을 끄덕거리는 틱 증상도 가끔 나타났다.

어떤 상황에서 정서를 표출하지 못하고 문제를 해결하지 못할 때 해결되지 못한 불안과 공포감은 꿈으로 표현된다. 대개 악몽을 꾸거나 가끔은 수면보행증Somnambulism(몽유병) 증상이 나타나기도 한다. 꿈은 현실에서 억압돼 있던 감정을 그대로 펼쳐서 보여주기 때문에 분석을 통해 내면의 세계를 살펴볼 수 있다.

꿈이 이끄는 세계로 들어가다

오래전부터 나는 자면서 꾸는 꿈의 의미가 궁금해서 알아보려고 노력했다. 정신과 의사의 꿈 분석 집단상담에 참여하기도 했고, 꿈 분석으로 유명한 수녀님의 강의를 듣기도 했고, 정신분석 전문가가 진행하는 '프로이트의 《꿈의 해석》 세미나'에 참석하기도 했다. 대학원 시절에는 꿈 분석을 주로 하는 의사 선생님의 모임에서 오랫동안 궁금했던 꿈을 풀어놓았다. 이 모임에서 내 꿈에 얽힌 상징을 풀어주기를 기대했는데 "꿈이 다채롭네요. 작가인가요?" 같은 말을 들은 적도 있다.

칼 융은 꿈을 무의식에 이르는 주요한 통로의 하나로 보았다. 당시 나의 꿈은 이리저리 얽혀 있었다. 꿈이 복잡할수록 며칠의 집단 상담만으로는 그 안에 숨겨진 비유나 상징을 발견하기 어렵다. 그럼에도 그 선생님은 내 무의식 속에서 작가가 되고 싶은 소망을 발견했을지도 모르겠다. 이후에 정말 글을 쓰는 사람이 되었으니 말이다.

프로이트는 꿈이 억압된 소망을 충족시키는 역할을 한다고 했다. 융은 꿈이 의식에 대한 보상 기능을 하는데 마음의 평형을 이루기 위해 의식과 무의식을 일치시킨다고 했다. 나는 꿈을 해석하기 위해 상징에 관련된 융과 프로이트의 책을 읽었다. 그리고 꿈 노트에 글을 쓰고 그림을 그리기 시작했다. 처음에는 분석이 힘들었던 꿈들이 몇 달이 지난 후 그 의미를 드러냈다. 마치 어려운 수학 문제를 풀어낸 것 같았다.

꿈은 무의식이 보내는 선물

오랜 기간 나의 꿈을 분석하다 보니 내담자의 꿈도 풀리기 시작했다.

"아버지가 몰고 가는 차인데, 어느 순간 제가 몰게 되었어요. 가는 도중 쿵 하고 사고가 나서 걱정이 되었죠. 차에서 내렸는데 주변에서 괜찮은지 물었어요. 특별한 일은 없었고 다시 운전을 했어요."

유하는 상담을 하면서 악몽이 조금씩 사라졌다. 그녀의 꿈은 부모가 주입한 생각대로 따르기만 했던 삶에 변화가 일어나고 있음을 보여주었다. 이제는 자신의 생각으로 삶을 움직여가고 있다는 것이 꿈에서 나타났다.

게슈탈트 치료의 창시자인 프리츠 펄스Fritz Perls는 부모의 가치관과 방식을 무비판적으로 수용하는 걸 가리켜 내사introjection라고 했다. 환경과 접촉했을 때 자신에게 필요한 것을 선택하지 못하거나 자신의 욕구가 무엇인지 모르고 타인의 기대에 따라 맞추어 사는 것이다. 아무리 좋은 음식이라도 내게 맞지 않으면 뱉어버려야 하는 것처럼 부모의 사고도 그대로 받아들여야 하는 건 아니다. 유하는 그동안 자신을 끊임없이 지적하고 훈계했던 아버지에게서 벗어나지 못했다. 하지만 상담을 통해 조금씩 자신이 생각의 주인이 되어가고 있었고, 그것을 상징하는 꿈을 꾼 것이다.

《탈무드》에서는 해석되지 않은 꿈이 부치지 못한 편지와 같다고 했다. 꿈은 내 안의 것이다. 몸을 돌보고 마음을 돌볼수록 진정한 자기가 되듯이 꿈에 귀를 기울인다면 언젠가는 숨겨진 것들이 드러날 것이다.

고혜경 수녀님이 5.18광주트라우마센터에서 8주간 꿈 집단상담을 진행한 내용을 엮은 《꿈에게 길을 묻다》를 읽었다. 악몽을 자주 꾸고 가위에 눌려 불을 켜고 잘 수밖에 없는 5.18 민주화 운동 관련자들과의 만남에 대한 내용이었다. 오랫동안 사람들로부터 오해받고 힘들어했던 사람들은 솔직하게 꿈을 이야기하면서 스트레스가 조금씩 완화되었다. 쓰리고 아픈 상처를 피하지 않고 직면하면서 나타난 결과였다.

한번은 상담심리학회에 참석했을 때 이나미심리분석연구원 이나미 선생님에게 상담사들이 헤르메스 같은 존재일지 모른다고 들었다. 헤르메스는 제우스의 전령으로 머리에 날개가 있고 뱀 두 마리가 감긴 지팡이를 가지고 다닌다. 갓난아이 때부터 아폴론의 소들을 훔친 도둑의 신이기도 하다. 또 여행자들에게 길을 안내하는 신이기도 하다. 어쩌면 상담사는 수많은 이들을 만나면서 내담자들의 상처, 고뇌, 아픔과 같은 그들의 숨은 마음을 찾아 함께 공감하면서 보물을 찾아가는지 모른다. 상담사가 그들의 악몽조차 피해야 할 것이 아니라 숨은 보물로 여긴다면 내면을 여행하는 그들에게 더 나은 길을 안내해줄지 모른다.

꿈도, 일상도 선물이다

어느 날 꿈을 꾸었다. 나는 부엌에서 채소를 자르고 있었다. 천장 위로 하늘이 보였다. 이슬람 사원처럼 둥근 돔 같은 지붕이 투명해서 하늘의 별이 보였다. 별빛이 아름다웠다. 신비로움은 특별한 곳에 있는 게 아니었다. 밥을 먹고 살아가는 지금 여기에 있었다. 꿈에서 부엌은 내 영혼이 쉴 수 있는 안식처이자 마음의 공간이었다. 고요한 평화가 흐르는 기도원이자 교회이며 성당이었다. 신비는 삶 속에서 내가 먹고 마시는 가운

데에 있었다.

꿈속에서 누군가에게 쫓기거나 전쟁이 나거나 시험에 실패하거나 죽는 등 극단적인 꿈을 자주 꾸는 사람이 있다. 이런 꿈을 꾸었다고 인터넷에서 섣불리 해석을 찾아보거나 악몽을 꾸었다는 사실을 피하려 하지 말고 찬찬히 들여다보자. 악몽을 벗어나기 위해 다른 것으로 주의를 돌리는 것도 도움이 되지만 꿈을 살펴보면 자신의 마음 상태를 엿볼 수 있다.

꿈은 자기 안의 무의식을 설명해주는 지름길이다. 꿈 내용을 바탕으로 자유 연상을 하다 보면 자신의 숨겨진 욕구가 비로소 드러나게 된다. 악몽을 자주 꾸는 내담자들과 상담하면서 꿈에 대해 이야기할 때는 상담사가 생각하는 방식으로 해답을 주기보다 내담자와의 대화에서 실마리를 찾아나간다. 악몽을 회피하지 않고 그대로 살펴볼 때 꿈은 미처 몰랐던 자신을 탐색할 수 있는 선물이 되기도 한다.

나쁜 꿈이라도, 피곤하고 따분한 일상도 피하지 않고 있는 그대로 경험해보면 어떨까? 지금 이 자리에서 경험하는 삶만이 내가 느낄 수 있는 세계다. 어떤 꿈이라도, 어떤 삶이라도 기꺼이 받아들인다면 당신에게는 좋은 선물이 될 것이다.

제4장

앞으로 나아가길
망설이는 당신에게

이유 없는 두려움에서 벗어날 용기

다른 사람을 믿을 수 없어요

"자신이 원하는 것을 알고 자신의 가치를 아는 사람만이
자신을 지킬 수 있다."

"사람을 어떻게 믿어요. 언제든 저를 떠날 수도 있는데요. 한
때는 사람을 믿고 속 이야기를 털어놓았지만 어느 순간부터
그들이 저를 부담스러워하고 멀리했어요."

　미영은 친하지 않은 사람들에겐 매우 차갑게 철벽을 치고,
반대로 친한 사람들에겐 지나치게 가까운 사이이기를 원해서
관계 맺기가 힘들었다. 그런 관계에 대한 불안으로 상담실을
찾아왔다.

　그녀는 자신이 타인에게 관심을 갖고 적절히 관계를 맺을
수 있는 주체적인 존재라는 것을 알지 못했다. 그것보다는 누
가 자신을 좋아하는지에만 관심이 있었다. 즉, 상대가 자신에

대해 어떤 태도를 갖고 있는지가 중요했다. 말하자면 그녀는 관계를 오직 두 가지 관점으로만 보고 있었다. 상대방이 자기를 싫어하는지 좋아하는지, 자기에게 관심이 있는지 없는지.

관계는 그렇게 단순하지 않다. 아주 친밀한 관계도 있고 그럭저럭 아는 사이도 있고 잘 알지 못하는 사이도 있다. 삶은 여러 가지 관계가 얽혀 이뤄지며, 사람들이 자신을 어떻게 보고 생각하는지 주의를 기울일 필요도 있지만 타인과 상관없이 내 삶을 살아갈 수도 있어야 한다. 미영도 그걸 알았다면 그렇게 큰 불안을 겪지는 않았을 것이다.

관계에 대한 믿음

종종 그녀의 매력을 발견하고 그녀가 세운 수많은 벽을 뚫고 들어오는 사람이 있었지만 정작 그녀는 그들과 친해지면 곧바로 이렇게 생각했다.

'그들은 나를 떠날 거야!'

그런데도 여전히 관심을 가지고 다가오는 사람이 있다면 그녀는 여러 가지를 시험했다. '이래도 네가 나를 떠나지 않는지 보자'라는 마음이었다. 갖가지 테스트로 상대를 기분 나쁘게도 하고 화를 낼 만한 상황을 만들면서 결국은 상대가 그녀를 떠나게 했다.

"저를 떠나지 않는 사람은 없어요. 사람은 결코 믿을 만하지 않아요."

사람과의 관계를 어렵게 하는 내면에는 그녀를 버리지 않고 온전히 사랑해줄 사람을 찾고 싶은 욕망이 있다. 그러나 사람과 사람 사이에 그런 것이 가능할까?

사람들은 대부분 자기에게 친절하고 잘해주는 사람에게 관심을 갖는다. 그러나 그녀는 자기에게 잘해주는 사람을 불안하게 지켜보면서 거리를 두었다. 불안이 밀려오는 데는 물론 이유가 있다. 이런 상태는 대부분 어린 시절의 관계 불안에서 시작된다. 친구에게 배신을 당했다거나 부모가 자주 다투고 집을 나갔다거나 하는 경우다. 그렇다면 어린 시절 겪은 일 중에 하필이면 왜 그 기억에 몰두하는지 살펴봐야 한다.

나의 가치를 아는 당신이 되기를

상담심리학 박사인 크리스틴 쿠르투아Christine Courtois와 줄리언 포드Julian Ford는 대인 관계 외상에 대해 사람들과의 관계에서 반복적이고 만성적인 사건을 겪거나 중요한 대상에게 학대 및 방치를 당하거나 결정적 시기에 외상을 경험한 것을 말한다고 했다. 대인 관계 외상을 반복해서 겪으면 타인을 믿을 수 없게 되어 무기력해지고 사람들이 자신을 싫어할 것이라고 여긴다. 그래서 수치심도 높아진다.

특히 엄마와 딸의 관계에서 애착과 관련된 상처는 깊이 각인된다. 내 안의 상처가 자녀에게 대물림되고 있다면 자신과 엄마의 관계도 살펴볼 필요가 있다. 에이미 탄의 소설을 원작으로 한 영화 〈조이 럭 클럽〉은 중국에서 미국으로 이민 간 네 명의 여성과 그들의 딸이 겪은 이야기를 다룬다. 영화는 현재의 갈등과 과거의 회상 그리고 화해로 진행되는데, 엄마와 딸들의 깊은 상처가 드러나고 이것이 치유되는 과정을 잘 그려내고 있다.

첫 번째 이야기에서 수안(엄마)은 준(딸)이 피아노 신동이라고 생각한다. 수안은 남의 집 하녀로 힘들게 돈을 벌어 피아노를 샀지만 준은 엄마의 기대가 부담스러워 반항하고 결국 피아노를 포기한다. 준은 자신이 엄마의 실패작이라고 생각했다. 그러나 수안은 병에 걸려 죽기 직전 준에게 "너는 너만의 스타일이 있어. 나는 네가 잘되기를 바랐을 뿐이야."라고 말한다. 수안이 죽은 후 준은 중국에서 엄마가 데려오지 못한 쌍둥이 언니들을 만나고 엄마의 희망에 대해 생각한다.

수안처럼 우리의 어머니들은 잃어야 했던 것이 많았을 수도 있다. 쌍둥이를 중국에서 데려오지 못한 수안은 준에게 희망을 걸었지만 준은 그 희망이 부담스러웠다. 만일 부모의 기대가 부담이 되어 스스로 실패자라고 생각한다면 준처럼 자신만의 스타일을 기억하고 찾아가길 바란다.

두 번째는 타고난 자신감으로 체스 신동으로 불리는 웨벌리(딸)의 이야기다. 그녀는 엄격한 린도(엄마)의 질책 때문에 실수와 약점이 드러난 이후 실력이 급격히 떨어진다. 겉으로는 당당해 보였지만 두 번째 결혼에서도 엄마의 기대에 미치지 못하는 것 같아 힘들어한다. 그런 웨벌리를 보며 린도는 자신의 말이 딸을 아프게 했음을 깨닫고 딸의 결혼을 진심으로 축복한다.

린도는 가난한 집에서 태어나 열다섯 살에 부잣집에 시집을 갔지만 아이를 낳지 못한다고 구박을 받았다. 그렇기에 딸이 잘되기를 바라는 마음에 심하게 야단치기도 했다. 린도처럼 자녀가 부모보다 뛰어날 경우 어떻게 키워야 할지 고민하다가 엄격해지는 부모들이 많다. 그러나 어린아이의 눈에는 부모의 엄격함이 사랑이라 느끼기 어렵다.

세 번째 이야기에서 레나(딸)는 부잣집 남자와 결혼하지만 계산적인 남편의 행동 때문에 지쳐간다. 잉잉(엄마)은 레나의 결혼 생활이 불행하다는 것을 알게 된다. 딸이 자기처럼 남편의 눈치를 보고 살지 않았으면 했기에 레나에게 "네가 원하는 게 뭐니?"라고 물어본다. 레나는 존중과 다정함을 원했고, 결국 용기를 내 이혼하고 자신을 존중해주는 남자를 만난다.

잉잉 역시 돈 많은 남편의 눈치를 보고 살았기에 레나가 원하는 것을 정확히 집어냈고, 부부 사이라도 얼마든지 헤어질 수 있다고 알려주었다.

네 번째 이야기에서 로즈(딸)는 자신만만하던 시절 멋진 남편과 결혼한다. 그녀는 내조 잘하는 아내로 살고 싶다는 생각 때문에 대학원에 진학하지 않고 사업하는 남편에게 맞추려고 했지만 결국 이혼 위기에 놓이고 안메이(엄마)에게 "넌 너의 가치를 몰라."라는 말을 듣는다. 안메이는 불행을 속으로 삭이는 게 아니라 소리 내는 법을 알아야 한다고 충고한다.

여성이 자신이 원하는 가치를 당당히 이야기하게 된 것은 그리 오래되지 않았다. 주부라는, 돌봄 노동이라는 일에 갇혀 자신의 생각과 가치를 잊고 있었다면 이제는 말해야 한다. 자신의 목소리를 알고 당당하게 말하고 자신의 욕구에 충실한 사람이 되어야 한다.

영화에 나온 1940년대 어머니의 삶과 이후 딸들의 삶은 지금과 크게 다르지 않다. 엄마는 자신이 겪은 불행을 딸이 겪지 않기 바란다. 그러나 딸들은 자신도 모르게 비슷한 삶을 살아간다. 엄마의 사랑과 기대가 질책으로 들려서 스스로 실패작이라고 생각한다면 엄마의 이야기를 다시 들어보기 바란다. 또한 누군가의 눈치를 보다가 자신을 잃어간다면 그 누구보다 자기가 소중하다는 것을 알아차리기 바란다.

결국 자신이 원하는 것을 알고 자신의 가치를 아는 사람만이 자신을 지킬 수 있다. 나의 목소리, 나의 생각을 잘 들어야만 누군가를 사랑하고 관계를 맺을 수 있다.

공동체와의 유대감

영화 〈조이 럭 클럽〉의 엄마들은 마작 모임으로 그들의 관계를 유지해왔다. 사람들과 함께함으로써 고립감에서 벗어날 수 있었던 것이다. 마르잔 사트라피Marjane Satrapi의 만화 《바느질 수다》에도 차도르로 온몸을 가리고 살아야 하는 이란 여성들의 수다가 등장한다. 그들의 이야기는 생산성 없는 수다 같아 보이지만 솔직한 그녀들의 연대감을 잘 보여준다.

행복은 사람들과 함께 일상의 소소한 이야기를 채워나갈 때 시작된다. 특별한 사람이 내 삶을 특별하게 만들어줄 거라는 믿음을 내려놓으면 좀 더 편안한 만남을 이어갈 수 있다. 우울감과 외로움에 몸서리친다면 누군가와 함께하는 수다도 도움이 될 수 있다. 우리는 사람이기에 사람과의 관계가 중요하다. 때로 주변 사람들이 불편할 수는 있지만 어느 곳을 가도 사람들이 나를 힘들게 한다면 내가 사랑하는 능력이 부족한 것일 수도 있다.

어떤 알코올중독자 자조모임은 금요일 저녁마다 모임을 갖는다. 중독 증상은 혼자 해결할 수 없기에 함께할 사람들이 필요하다. 다른 사람의 이야기를 들으면 해석하고 판단하기보다 잘 듣고 이해하면서 술로 달래던 허전함을 사람들의 온기로 채워나간다.

모든 사람을 사랑할 수 없다는 것을 알게 되고 사람에게 받은 상처 때문에 사람을 멀리하기도 하지만 이런 모임과 만남은 함께 성장할 수 있는 힘이 된다. 상담을 하는 이유는 사람은 관계를 통해서만 달라질 수 있다는 믿음 때문이다. 외로움을 느끼지만 친한 친구나 직장 동료를 거리상의 이유로 만나지 못하는 경우가 있다. 이럴 때 주변 사람들과의 가벼운 수다 모임도 도움이 된다.

타인에 대한 지나친 기대로 고립되어 있다면 견고한 빗장을 열어보는 것을 추천한다. 우리는 모두 사람에게 받은 상처가 하나씩은 있다. 또 부족한 사람이기에 마음의 허전함을 다 채우지 못할 수도 있다. 그러나 바로 그렇기 때문에 혼자서가 아닌 다른 사람을 만나야 비로소 성장할 수 있다.

제 마음이 '지킬 박사와 하이드' 같아요

"우리는 빛과 어둠이 공존하는,
한계를 가진 세계에 사는 사람들이다."

어린이집 교사인 영주는 주변 사람들에게 예의가 바르다는 이야기를 자주 듣는다. 하지만 가족에게는 신경질적이고 짜증을 잘 내는 편이다. 그런 자신의 본모습이 불쑥 튀어나올까 봐 늘 조마조마해서 더 친절하고 따뜻한 미소를 짓는다. 하지만 집에만 오면 가족의 사소한 말 한마디에도 화를 내며 소리를 지른다. 영주는 그런 자신의 이중적인 모습이 걱정되었다.

"제가 지킬 박사와 하이드 같아요. 밖에서는 사람들에게 친절하게 대하지만 왠지 저를 편안해하는 것 같지 않아요. 진짜 속마음을 털어놓는 친구도 없고요."

영주는 어린이집에서 처음 일을 시작할 때 따돌림을 당해 1년을 겨우 채우고 일을 그만두었다. 당시 원감 선생님과 면담하면서 함께 근무하던 교사들에 대해 불편한 감정을 말했는데 비밀이 지켜지지 않아 미움을 받은 것이다. 그 뒤로는 속내가 드러날까 두려워 더욱 착하고 좋은 이미지로 보이고자 노력했다.

시기와 질투가 없는 착한 여자

여성들은 주로 서로를 칭찬하면서 관계를 맺어나가는데 능력과 매력이 뛰어나도 조금은 허술한 척하고 부족한 모습을 보여야 친구를 맺기 편하다고 생각하기도 한다.

《소녀들의 심리학》을 쓴 레이철 시먼스Rachel Simmons에 따르면 여성들은 억눌린 시기나 질투, 분노로 가까운 친구들을 은밀하게 공격한다. 대부분의 여성은 따돌림을 받은 경험이 있다. 시먼스는 내면의 부정적 감정과 욕망을 솔직하게 표현할 수 있는 환경이 조성되어야 한다고 말한다. 물이 끓어오르는데 배출구를 다 막아버린다면 언젠가는 폭발해버리기 때문이다.

안톤 체호프Anton Chekhov의 소설 《귀여운 여인》에 나오는 올렌카는 다른 사람의 취향과 관심사에 따라 자신을 맞춘다. 정체성 없이 좋아하는 사람의 의견에 따르거나 관심사를 옮겨

가는데 어느 날 혼자가 되면서 깊은 외로움을 느낀다. 그러다 꿈속에서 텅 빈 정원이 딸린 집을 보는데, 알고 보니 그 집은 올렌카 자신이다.

타인에게 자신을 맞추는 사람들은 자주 이렇게 말한다.

"마음이 텅 빈 것 같고 내 모습이 내가 아닌 것 같다."

때론 상대에 맞춰 자신의 패턴을 바꿔야 할 때도 있다. 그러나 매번 상대에게 맞춰서 살다 보면 자기를 잃어버린다. 결혼 전 착하고 친절했던 여성이 아이를 낳고 무서운 엄마가 되어버리는 것도 이 때문이다. 드라마 〈디어 마이 프렌즈〉에서 완이는 엄마에 대해 이렇게 말한다.

"참고 배려하고, 그러면서도 행복하고."

그러자 희자가 이렇게 말한다.

"그건 가짜야. 나는 애들이 괘씸해. 내가 아침부터 얼마나 외로운지 안 쓸 거면 나 네 책에서 빼."

"인생은 막장이야."

그렇다. 인생은 막장이다. 모성을 이유로 밝고 즐거운 모습만을 강요받는다면 그건 그림자가 없는 빛만 비추기를 강요받는 것과 같다. 〈디어 마이 프렌즈〉는 참고 배려하며 자식의 행복만으로 행복해하는 엄마가 아닌 한 여성의 삶을 보여주었다. 엄마는 그래야 한다는, 아니 여자는 그래야 한다는 당위는 존재하지 않는다.

빛과 그림자가 공존하는 내 인생

우리의 마음도 우중충한 색과 밝은색이 엉켜 있다. 술 마시고
나를 때린 엄마, 외도하고 집을 나간 아빠, 이혼한 부모 등 가
족 때문에 당신의 인생만 엉망인 것 같다면 그건 사실이 아니
다. 모두 같지는 않지만 누구에게나 삶에서 아픈 부분이 있다.
인생의 고통은 계속 이어지고 그 속에서 나를 조금씩 알아간
다. 아프고 힘들지만 고통스러운 삶 속에서 진짜 나를 만나게
된다.

영주가 말한 하이드 씨는 그녀에게만 있는 게 아니다. 어른
들은 순수해 보이는 아이의 마음 안에 그런 거칠고 잔인한 면
모가 있다는 것을 믿지 못한다. 대학원생을 대상으로 놀이 치
료 세미나를 진행한 적이 있다. 그들은 부모를 파묻는 모래 놀
이 치료 내용이 사실인지 의심스러워했다. 아이들은 모래 놀
이에서 공룡들로 사람들을 아작아작 씹어 먹고, 모래에 파묻
어버린다. 동화에서도 마찬가지다. 헨젤과 그레텔 남매는 마
녀를 뜨거운 솥에 밀어 넣었고, 뜨겁게 달군 분홍신을 신은 소

녀는 결국 발을 잘렸다.

인간의 내면에는 뜨겁고 원초적인 본능인 이드id와, 도덕적이고 윤리적인 슈퍼에고superego가 함께 존재한다. 내면의 그림자를 무시하고 선한 면만 추구하면 자신과 타인을 제대로 이해할 수 없다.

우리의 내면에는 어두운 그림자가 있다. 음습하고 짠내 나고 더럽기도 한 내면이 분명 있다. 이를 인정하지 않으면 타인에게 시선을 돌려 부정적인 욕망을 투사하게 된다. 중세 시대의 마녀사냥처럼 말이다. 내가 몹시도 싫어하는 그 사람은 사실 내 내면의 그림자일 수도 있다. 투사라는 방어기제를 멈추려면 결국 자신의 내면을 찬찬히 바라봐야 한다.

영주에게도 어둠과 밝음이 서로 엉켜 있을 것이다. 밝음만 강조하면 어두움의 크기는 더욱 커진다. 지킬 박사가 하이드 씨가 되는 것처럼. 내 안의 어두운 감정들을 꺼내놓기 어렵더라도 주변에 솔직하게 조금씩 표현해보자. 우리는 빛과 어둠이 공존하는 세계에 살고 있는, 한계를 가진 사람임을 잊지 말자.

버려야만 얻어지는 것도 있다

"내 삶에서 정말로 남겨야 할 것은 무엇일까."

용하는 몇 년째 대기업 입사를 꿈꾸는 취준생이다. 중소기업
에 입사하면 연봉이 적어 경제적으로 여유가 없을 것 같다며
원하는 회사가 아니면 입사지원서를 내지도 않았다. 그러다
보니 나이는 들고 그가 갈 수 있는 일자리는 점점 줄어들었다.
결국 부모의 권유로 공무원시험을 준비하게 되었는데 성적은
오르지 않았고 고시원에서 시간만 보내고 있다.

그는 명품 시계와 외제차를 갖고 싶다. 그가 무엇보다 중
요하다고 여기는 것은 타인의 인정이기 때문이다. 물질적으
로 여유로워 보이면 누구도 자신을 함부로 대하지 않을 것
같았다.

용하는 외부의 인정을 목표로 삼으면서 오히려 아무것도 할 수 없게 되었다. 그는 자신의 인생이라는 캐리어에 타인의 인정을 담으려다가 허무함과 좌절감만 담게 되었다. 그에게는 남들이 보기에 괜찮은 직업을 가져야 한다는 생각 대신 진정으로 하고 싶은 것이 무엇인지를 고민했어야 했다.

내 삶의 중요한 것은 무엇인지 생각하라

때로는 비우는 것이 채우는 것이다. 코트디부아르에서 봉사활동을 끝내고 돌아오던 날, 내 캐리어는 거의 비어 있었다. 한 달 전, 15일 동안 아프리카로 봉사를 가자는 제안을 받았다. 프리랜서라 보름을 쉬면 월급이 반 토막으로 줄어든다. 밀린 카드 값 때문에 걱정도 같이 밀려왔지만 지금이 아니면 아프리카에 언제 가나 싶어서 가기로 결정했다.

코트디부아르에 도착하자마자 코끼리와 기린이 있는 아름다운 아프리카에 대한 상상은 곧 사라졌다. 봉사를 나갈 때는 마실 물이 없어 비닐봉지에 물을 담아 들고 다녔고, 내전이 벌어지고 있어 무장한 군인과 늘 동행해야 했다. 프랑스어를 쓰는 나라에서 심리 상담을 할 수도 없었다. 미군 간호사에게 드레싱을 배워 다친 사람들의 발을 치료했다. 그곳에는 TV도, 휴대폰도 없이 텅 빈 벌판에 나무만 몇 그루 있었다. 한국인과 재미교포, 외국인 의사, 현지인 모두가 모여서 함께 며칠을 보냈다.

어느 날 아이들 몇 명이 다가와 웃더니 갑자기 내 머리카락을 뜯어갔다. 아프기도 하고 당황스러워 왜 그러냐고 물어봤더니 아이들은 꼬불거리지 않은 머리카락이 신기해서 그랬다고 했다. 그러면서 해맑게 웃으며 내게 친구하자고 했다. 새벽부터 분주했던 마음이 맑아진 느낌이었다.

아프리카를 떠나기 전날 선교사님이 현지인을 위해 가능한 한 모든 짐을 다 주고 갔으면 한다고 말했다. 갖고 온 속옷까지도 도움이 된다고 해서 두바이를 거쳐 한국에 가는 동안 필요한 옷가지를 제외하고 모두 남기고 왔다. 그렇게 캐리어를 비우면서 마음도 비워졌다. 내게 남은 것은 아프리카의 풍경, 처음 만난 그들과 나눈 웃음이었다. 한국에 돌아와서 집에 새로운 물건들이 채워질 때마다 아프리카에서 캐리어를 비우던 날을 생각한다. 죽음의 날이 올 때 내가 가져가는 건 아마도 물건이 아니라 삶의 경험과 사람들과의 추억일 것이다.

코트디부아르에서 머무는 날이 정해져 있었듯 이 땅에서의 내 삶도 제한이 있다. 인생은 유한하다. 그 짧은 삶에서 정말로 원하는 게 무엇인지 생각했다. 무엇을 채우느라 현재의 시간을 누리지 못하는지도 생각했다.

미니멀리스트로 살기

이후 미니멀리스트를 꿈꾸게 되었다. 물건을 살 때마다 꼭 필요한 물건인지 고민하고 불필요한 물건을 만들지 않으려고 한다. 그럼에도 매번 물건은 쌓여간다. 결국 필요 없는 것이 무엇인지 찾아본다. 읽지 않은 책, 유행이 지났거나 더 이상 맞지 않는 옷, 듣지 않는 음반, 오래된 식기를 모아 아름다운 가게로 보낸다. 배우는 것만 빼면 욕심이 없다고 생각했는데, 혼자만의 생각이었나 보다.

물건뿐 아니라 삶에서 내게 중요한 가치는 무엇인지에 대해 고민한다. 절대로 버릴 수 없는 것은 무엇인지 생각해본다. 상담실에서도 내담자들과 무엇이 되고 싶은지, 무엇이 중요한지에 대해 이야기한다. 재벌이 되고 싶다거나 서울에 집을 마련하거나 명품 시계, 차, 괜찮은 대학 졸업장이 필요하다는 이야기를 듣는다.

요즘은 삶의 가치를 이야기할 때 많은 이들이 외적인 기준을 중요하게 여긴다. 초등학생부터 어른까지 모두 돈을 말한다. 물론 자본주의 사회에서 돈 없이 살아갈 수는 없다. 그러나 외적인 기준뿐만 아니라 내적으로 채울 것도 생각해봐야 한다.

당신의 마지막 순간에 들고 갈 것은 무엇인가

짐 로허Jim Loehr와 토니 슈워츠Tony Schwartz가 쓴 《몸과 영혼의 에너지 발전소》에는 이런 이야기가 나온다.

인생의 마지막 순간에 와 있다고 상상하라. 살면서 얻은 교훈 중 가장 중요한 세 가지는 무엇이며 왜 그것이 중요하다고 생각하는가?
당신의 인생을 단 한 줄로 줄여 당신 묘비에 쓴다면 어떤 문장이 될 것인가?

내 삶에 남기고 갈 것은 무엇인지 생각해보자. 인생을 살아가며 끌고 갈 수 있는 캐리어 속의 짐은 무엇이고, 버려야 할 짐은 무엇인가. 진짜 소중한 것만 남겨두고 나머지는 과감하게 버릴 수 있기 바란다. 언젠가는 모두 비우고 떠나야 할 테니 말이다.

지금 여기에서, 선택의 힘

"삶이 뜻대로 되지 않더라도
언젠가 성장할 자신을 상상해보자."

"더 공부할지, 회사에 들어갈지 고민이에요."

미주는 대학원에서 석사과정을 밟는 중이다. 원래는 박사과정까지 마치려고 했지만 지도교수의 막말에 시달리다 석사까지만 끝내고 싶다는 생각이 들었다.

수능 시험 때 미주는 긴장한 탓에 평소 실력을 내지 못했다. 의사가 되고자 했으나 다시 수능 시험을 칠 자신이 없었다. 그래서 자신이 좋아했던 과목과 관련이 있는 학과를 선택했다. 친구들이 자기보다 더 좋은 대학에 들어간 것을 보며 속이 상하기도 했지만 박사까지 마치고 외국계 회사에 들어갈 생각이었기에 견딜 수 있었다. 그런데 석사 과정에서 지도교수의 부정적인 피드백에 자존심이 상했다. 이대로 졸업할지, 박사까지 마칠지 고민이 되어 잠을 이룰 수 없었다. 한 번의 선택으로 인생이 크게 달라질 것 같다는 염려 때문이었다.

미주는 선택하기를 두려워했다. 학원을 비롯해 대부분의 진로 선택을 부모가 대신 해주었고 지금까지 큰 고민 없이 살아왔기 때문이다.

뭔가를 선택한다는 것은 설레기도 하고 두려운 일이기도 하다. 가던 길을 그대로 가든, 새로운 길로 방향을 바꾸든, 그 모든 결정의 책임은 나에게 있고 결과도 내가 감당해야 하기 때문이다. 특히 진로 문제에서는 부담감이 더욱 커서 아무리 주위에 조언을 구해도 자신의 정체성과 미래의 모습에 대한 청사진이 그려지지 않는다. 하지만 어느 쪽이든 한 발 내딛지 않으면 아무것도 시작되지 않는다.

잘할 것 같지 않아도 시작해보자

애니메이션 〈마녀 배달부 키키〉에는 수없이 길을 잃고 헤매는 소녀가 나온다. 13세가 되는 해 보름달이 뜨는 날, 키키는 부모로부터 독립해 마녀가 되는 수행을 해야 한다. 하지만 키키에게는 빗자루를 타고 하늘을 나는 것 말고는 점을 치거나 마술을 부리는 능력이 없다. 혼자 여행을 떠나는 키키의 여정은 순조롭지 않다. 폭우를 만나 길을 헤매고 도로로 뛰어들어 교통 상황을 엉망으로 만들기도 한다. 하룻밤 잠잘 곳을 찾기도 쉽지 않다. 그렇게 실패의 연속이다.

아무리 굳은 결심을 하고 시작해도 삶은 키키의 여행처럼 마음대로 되지 않을 때가 많다. 한두 번의 실패로 실망하고 일을 그만두면 계속해서 진로를 변경하게 된다. 괜히 이 길로 온 것 같아 후회되고 걱정이 앞서더라도 한 번쯤은 끝까지 가봐야 한다. 도저히 답이 나오지 않을 때 과감하게 다른 길을 선택하는 것도 필요하지만 시작한 일을 할 수 있는 만큼 최선을 다했을 때 그 여정은 비로소 가치 있는 시간이 된다.

진로를 찾는 과정, 자아정체감 이론

자아정체감ego—identity은 내가 누구인지를 알아가는 것이다. 정신분석학자 에릭 에릭슨Erik Erikson에 따르면 인간은 영아기부터 노년기까지 전 생애를 거치면서 여덟 가지 정체성 위기를 해결해야 한다. 이렇게 단계별로 발달 과업과 위기를 거치며 자아정체감을 확립해나가는 것을 심리사회적 발달 이론이라고 한다.

심리학자 제임스 마샤James Marcia는 정체성 형성과 관련해 정체감 지위 이론을 제시했다. 그는 정체성 탐색의 위기를 경험하고 주어진 과업을 수행했는지 여부에 따라 정체감 혼미identity diffusion, 정체감 유실identity foreclosure, 정체감 유예identity moratorium, 정체감 성취identity achievement로 각 정체감의 상태를 설명했다. 이 과정은 순서대로 이뤄질 수도 있고 여러 과정을 동시에 경험할 수도 있으며, 평생을 거쳐서 진행될 수도 있다. 그러면 각 단계에 대해 자세히 알아보자.

첫째, 정체감 혼미 단계에는 위기도, 수행도 없다. 자신의 삶을 생각해보고 계획을 세우거나 탐색해본 적이 없는 상태다. 진로, 직업, 가치관 등을 고민조차 하지 않는다.

둘째, 정체감 유실 단계에는 위기는 없고 수행만 있다. 충분한 탐색 없이 정체성을 결정한 상태다. 중요한 사람들의 권유에 따라 사느라 자신에 대해 깊게 고민해본 적이 없다.

셋째, 정체감 유예 단계는 위기는 있으나 수행은 하지 못한 단계다. 이때는 삶을 적극적으로 탐색하고 정체감을 찾아가면서 내적 갈등을 겪는다. 타인의 기대나 욕구를 따라가지 않고 스스로 탐색한다. 그러나 자신이 원하는 것이 무엇인지 정확히 찾지 못한 상태다. 직업을 선택했다가 맞지 않아서 직장을 바꾸기도 하며 불안을 경험한다.

넷째, 정체감 성취 단계에는 위기도 있고 수행도 있다. 자신의 가치관과 욕구 등을 충분히 탐색하고 자신의 정체감을 찾은 상태다. 안정감을 찾고 스스로 확신하는 단계다.

사실 위기가 없으면 정체감을 획득하기 힘들다. 되도록 힘들고 고통스러운 위기를 겪지 않고 누군가 현명하게 길을 알려주면 좋겠지만 이런 혼란은 반드시 당사자가 직접 겪어내야 한다.

시작조차 않는다면 기회는 없다

진로 문제로 상담사를 찾는 사람들은 대부분 정체감 혼미 과정을 겪고 있다. 이들에게 천직을 찾는 건 쉽지 않은 일이다. 다시 마녀 키키의 이야기로 돌아가자.

어느 날 키키는 손님이 두고 간 물건을 가져다주다 물건을 배달하는 일을 직업으로 선택한다. 사소한 사건이 일을 찾는 계기가 된 것이다. 시작조차 하지 않는다면 그 어떤 기회도 얻을 수 없었을 것이다.

키키는 노부인의 부탁으로 손녀에게 청어 파이를 배달했지만 손녀는 할머니의 선물을 귀찮아한다. 비까지 맞으며 배달했던 키키는 심한 감기에 걸린다. 배달을 하며 다른 사람에게 기쁨을 주고 싶었지만 일의 의미를 잃고 좌절을 경험한다.

이렇게 좌절을 경험할 때는 속상해하기보다 살다 보면 이런 일도 저런 일도 겪을 수 있음을 받아들여야 한다. 상담사는 내담자 이야기를 잘 듣고 어떻게든 도와주고 싶은 마음이 크다. 대부분의 사람들은 상담사의 그런 마음을 잘 알고 있지만 가끔은 성격장애 내담자나 다른 사람 탓만 하는 사람을 만나기도 한다. 어디에서나 힘든 사람도 상황도 있다.

헤어짐과 새로운 만남을 통해 성장하다

키키는 고양이 지지와 대화하는 능력도 잃어버리고 마법 빗자루마저 부러뜨린다. 그녀는 정말로 혼자가 된 것 같다. 미야자키 하야오의 말에 따르면 지지의 목소리는 원래 키키 자신의 목소리이기 때문에 성장한 키키에게 더 이상 들리지 않게 된 것이었다. 즉, 키키가 성장하면서 홀로 서게 된 것이다.

어른이 된 우리 모두는 이미 이런 경험을 했고 하고 있다.

어린 시절 그 무엇보다 중요하고 소중하다 생각했던 것들이 사라지고 다른 가치나 물건들로 옮겨간다. 부모와 가장 친하게 지냈던 친구들에게 의존하던 정도도 조금씩 줄어든다. 초등학교 때 어른이 되고 싶지 않다고 친구와 이야기했던 게 기억난다. 다이애나와 앤처럼 우정을 영원히 이어가자고 했다. 그렇게 시간이 흘러 친구는 어린 날의 좋은 추억으로 사진첩에 남았다.

어른이 된다는 것은 내 삶이 확실하지 않으며 그런 불안을 기꺼이 받아들인다는 의미다. 삶에서 변하지 않는 건 없다. 때로는 소중한 사람을 잃을 수도 있다. 어릴 땐 부모의 말대로 길을 가면 되고 도와주는 이들이 있었지만 어느 순간 홀로 서야 한다.

길을 잃었을 땐 그 길을 먼저 갔던 사람들의 도움을 받을 수 있다. 책 한 권이든, 선배의 한마디든 나와 비슷하게 힘든 시간을 보낸 사람들의 이야기를 들어보자. 과거에는 중요했던 생각이 지금은 맞는지 아닌지에 대해서도 생각해볼 필요가 있다.

키키 역시 고양이 지지와 더 이상 대화할 수 없게 되자, 화가 우르슬라를 만난다. 우르슬라는 자기도 그림을 그릴 수 없을 때가 있었지만 그런 힘든 시간을 견디고 나면 더 잘 그릴 수 있다고 했다. 이렇듯 지금까지 중요한 대상이라고 생각했던 사람들의 생각이 도움되지 않는다면 또 다른 이들을 만나 길을 찾으면 된다.

진로 문제로 고민하던 미주는 결국 박사과정을 포기했다. 그러나 석사를 졸업하고 자신이 하고 싶었던 분야의 일을 하기로 했다. 부모가 바랐던 성공이나 자신이 생각한 길에서 조금 벗어났지만 그래도 자신의 선택에 만족한다고 했다.

삶이 뜻대로 되지 않고 위기가 닥치더라도 겁내지 말고 과감하게 자신의 길을 선택해야 한다. 때론 낙담하고 좌절하더라도 곧 씩씩하게 살고 있는 성장한 자신을 보게 될 것이다.

생각 한 가닥만 바뀌어도 삶이 변한다

"마음도 머리만큼 노력해야 달라진다."

미우는 과거 힘들었던 기억을 끊임없이 곱씹는다. 소처럼 되새김질을 여러 번 하는 것도 모자라서 밤이 새도록 생각한다. 그러다 그녀를 힘들게 했던 남자 친구의 행동이 생각나 갑자기 서러움이 밀려오기도 한다. 몸이 아파서 보고 싶다고 했는데 남자 친구는 회사 일로 바쁘다며 전화를 끊었다. 미우는 괜히 전화했다며 자책했다.

이처럼 원하지도 않는 생각이나 행동을 반복적으로 하는 것을 강박장애라고 한다. 불안을 줄이기 위해 이런 행동을 하는데, 생각(또는 행동)을 함으로써 실제 느껴야 하는 감정을 제대로 해소하지 못하고 생각(또는 행동)을 반복하기만 한다.

이들은 자책하는 말이 자신을 성장하게 한다며 그대로 내버려두면 더 게을러져서 일을 못할 것 같다고 한다. 그러나 실제로는 자신을 질책할수록 스트레스가 올라가고 이에 따라 우울감도 높아진다. 나는 이런 내담자들에게 당신의 친구가 항상 자책한다면 어떻게 대하겠냐고 묻는다. 내담자들은 괜찮다고, 그 정도 실수는 할 수도 있다고 말한다. 그러나 정작 자신에게만은 너그럽게 대하는 것이 힘들다고 토로한다.

자책하는 말을 멈출 수 없다면

생존을 위해 어느 정도의 스트레스는 필요하다. 그러나 스트레스 상황이 아닌데도 지속적으로 스트레스를 받는다면 어떻게 될까? 천재지변이나 곰 같은 위험한 동물을 만나면 우리는 도망가야 한다. 달릴 때는 숨이 가쁘고 심장이 빨리 뛴다. 그런데 위험한 상황이 아니어도 계속해서 과도한 긴장 상태를 유지하면 스트레스 호르몬인 코르티솔이 지나치게 분비된다. 이런 상황이 반복되면 면역력이 떨어지고 몸은 지치고 잠을 이루지 못해 우울해진다.

강박장애 증상이 아니더라도 일상에서 비슷한 일로 힘들었던 경험이 있었는가? 계속해서 떠오르는 생각 때문에 힘들다면 생각을 하나 바꿔보는 게 도움이 된다. 스스로를 괴롭히는 질문 중 하나는 '왜?'다. '왜'라는 질문의 답이 자책으로 넘어가면 삶은 고달파진다.

'왜 이런 집에 태어났을까?'

'우리 아버지는 왜 나를 때렸을까?'

'나는 왜 이런 회사를 다닐까?'

'나는 왜 이 모양으로 생겼을까?'

이런 질문의 답은 부정적으로 결론이 날 수밖에 없다. 이렇게 불평불만을 하다 보면 주변 사람들도 미워지고 자신도 한심해진다. 생각은 나의 감정과 행동을 바꾼다. 상담실에 와서도 자신이 왜 그랬는지 지속적으로 반성하는 이들은 해답이 없다.

지금 현재에서 과거를 돌이켜보면 그 당시를 통제할 수 있을 것 같은 생각이 들지만 그때는 그런 선택을 할 수밖에 없었던 이유가 있다. 따라서 현재의 나는 과거의 나를 탓하고 나무라기보다는 이해하려고 노력해야 한다. 자기 행동은 타당했다고 스스로 인정해야 한다. 그리고 '왜' 대신 '어떻게 할까'로 생각을 바꿔야 한다. 현재의 삶에도 힘든 일이 있다면 역시 같은 방법을 적용해보자.

마음챙김 훈련 시작하기

스스로에게 위로가 되는 말을 생각해보자. '지금까지 수고했다', '힘들었겠다', '괜찮아'라고 말해보자. 타인에게 과도하게 친절한 사람은 자신에게 지나치게 엄격한 것부터 수정해나가면 된다.

생각에 생각이 꼬리를 문다면 감각 훈련을 키우는 것도 도움이 된다. 소설을 읽어보면 묘사가 상세하게 되어 있다. 소설가가 묘사하는 것처럼 과일을 상세하게 관찰하는 것도 도움이 된다. 게슈탈트 치료에서는 오렌지를 자주 이용하는데, 오렌지 하나를 먹으면서 오렌지를 천천히 바라보고 냄새는 어떤지, 모양은 어떤지, 껍질은 어떤 느낌인지 등 공감각적으로 살펴본다. 그런 다음 껍질을 천천히 벗기고 음미하면서 입에 넣는다. 이렇듯 주변을 무심히 보다가 어느 날 천천히 살펴보면 다른 것을 발견하게 된다.

마음챙김 훈련을 심각하게 생각하지 않아도 된다. 오늘 하루의 삶을 즐겁게 바라보면서 실천하면 된다. 폭식을 멈추는 법도 마찬가지다. TV나 컴퓨터 앞에서 식사를 하면 음식에 집중하기 어렵다. 식탁에서 특정한 음악을 틀거나 나만의 의식을 정해 식사를 하면 먹는 일에 충분히 집중할 수 있다.

네 가지 질문

생각이 점점 늘어만 간다면 바이런 케이티Byron Katie의 책《네 가지 질문》에 나오는 질문들을 생각해보자. 그중 인지행동 치료는 자신의 생각을 변화시켜서 훈련하는 것이다.

나의 생각 친구가 내 이야기를 잘 들어주지 않는다. 나를 싫어해서 그런 것 같다. 친구라면 내 이야기를 잘 들어야 한다.

첫째, 그게 진실인가?
잠잠하게 내면에 생각이 떠오르기를 기다려라.

둘째, 그게 진실인지 확실히 알 수 있는가?
친구가 내 이야기를 제대로 듣지 않는 것은 어떻게 알게 되었는가? 당신은 다른 사람의 이야기를 제대로 듣고 있는가?

셋째, 그 생각을 할 때 당신은 어떻게 반응하는가?
친구에게 실망해서 나도 친구의 이야기를 제대로 듣지 않았다. 다른 곳을 쳐다보고 카톡으로 연락이 와도 대답하지 않았다. 스마트폰으로 유튜브 동영상을 보면서 늦게까지 잤다.

넷째, 그 생각이 없다면 당신은 누구인가? 친구가 내 생각을 들어줘야 한다는 생각이 없다면 마음이 어떨 것 같은가?

다섯째, 뒤바꿔보라.
나는 그가 마음에 들지 않는다. 그는 내 이야기를 제대로 들어주지 않는다.
나는 내가 마음에 들지 않는다. 나는 그의 이야기를 제대로 듣지 않는다.
나는 내가 마음에 들지 않는다. 나는 내 이야기를 제대로 듣지 않는다.
당신은 그의 이야기에 관심을 가지고 행동하는가?
당신은 타인의 말에 관심을 갖는 걸 어떻게 알 수 있는가?

생각을 뒤바꾸는 것은 우리 내면의 자동적 사고에 역행하기 때문에 꾸준한 연습이 필요하다. 대학원에서도 자기성장 수업을 주제로 한 수업이 한 학기에 걸쳐 진행될 만큼 시간이 오래 걸린다. 읽고 듣는다고 변화하는 건 아니다. 머릿속으로 안다고 삶은 바뀌지 않는다. 지속적인 실행을 통해서만 비로소 변화할 수 있다. 마음도 꾸준히 노력해야 한다.

심리학 책을 읽어도 달라지지 않아요

"심리학 책은 당신이 고통을 물리치고 돌아올 때
길잡이가 되어줄 것이다."

은주는 우울하고 불안해서 잠을 자기 힘들었지만 상담실에 가기는 망설여졌다. 그래서 인기 있는 심리학 책을 읽으면서 해답을 찾고자 했다. 어떤 문제로 이렇게 힘든지, 어떻게 하면 불안을 줄일 수 있는지 살펴봤지만 답은 나오지 않았다.

"심리학 책을 읽어도 별 도움이 안 되더라고요."

"그 이야기가 그 이야기고, 계속 부모 탓만 하는 것 같고 말이에요."

책에서 해답을 찾아도, 구체적인 방법을 알게 되어도 달라지지 않는 것 같다는 사람들이 많다.

상담에서도 마찬가지다. Q&A처럼 내담자가 질문하고 상담사가 답하는 방식일 거라고 오해하는 이들이 많다. 대부분 상담실에 오기까지는 혼자서 문제를 해결하려다가 좌절을 겪는다. 그래서 상담사가 자신의 질문에 명확한 해결 방법을 제시해줄 거라고 기대한다. 게다가 방송에 나오는, 빠른 효과를 보이는 특별한 처방전을 보며 오해는 더욱 깊어진다. 그런 방송을 자세히 살펴보면 전문가들이 내담자의 상황을 시간을 들여 관찰하는 과정이 있는데 그건 보지 못하고 솔루션만 기억하는 것이다.

심리학 기준에 맞추려 하는 당신에게

이럴 때는 자신과 타인을 이해하려 하기보다는 심리학자들의 책을 보면서 쉽게 평가하려는 것은 아닌지 생각해볼 필요가 있다. 사람은 자신의 생각과 유사한 어떤 말을 곧잘 인용한다. 뭔가 있어 보이는 심리학 용어를 이야기하면서, 타인을 쉽게 평가한다. 즉, 특정한 진단명이나 자신을 잘 이해했다고 여기는 내용은 자신이 믿고 싶은 부분일 경우가 많다.

가끔은 내 블로그에 댓글을 달거나 이메일을 보내서 자신에게 이런 문제가 있다고 들었는데 그 진단이 맞는지 알려달라고 하기도 한다. 또는 어떤 사람이 이런 행동을 하는데 왜 그런지 설명해달라고 하기도 한다. 사람을 그렇게 질문 하나로 쉽게 판단할 수 있을까? 누군가 나와 타인에 대해 정확한 답을 주었으면 좋겠다는 생각은 할 수 있다. 그러나 심리학자는 사람을 그렇게 쉽게 판별하지 않는다. 아울러 석사 과정을 마치고 상담 수련 과정을 이수해 심리학자가 되고 상담을 오랫동안 하면서 든 생각은, 사람을 온전히 이해하기는 어렵다는 것이다.

그러나 여전히 많은 사람들이 마치 네 가지 혈액형으로 사람을 구분하듯 자신과 타인을 특정한 부류로 분류한다. 한국과 일본에만 남아 있는 혈액형 타입에 따른 분류는 우생학에서 비롯된 것이다. 우생학은 골격의 구조 등 생물학적인 차이로 우성과 열성을 나누는 학문으로 유대인 학살까지 초래했다. 어떤 학문도 사람을 이쪽과 저쪽으로 분류하진 못한다. 문제가 있다고 여겨지는 알코올중독자, 학교 폭력 가해자, 소년원에 있는 아이들도 상담실에서는 진단명만으로 규정할 수 없는 사람이었다.

임상심리 전문가로 많은 사람들의 종합심리검사를 해왔다. HTP, KFD, BGT, 로르샤하, MMPI, SCT, 지능검사 등을 통해 내담자의 인지 능력과 정서 상태를 평가한다고 해도 종합심리검사 보고서가 그 사람의 모든 것을 말해주는 건 아니다. 한 사람의 일생을 그렇게 쉽게 표현하고 말할 수는 없다. 종합심리보고서 또한 규범 안에 사람을 넣기 위해서가 아니라 사람들을 이해할 수 있는 자료로 사용될 뿐이다. 사람이 사람을 알아가는 것에는 시간과 노력이 필요하다.

내 마음을 위한 심리 분석

상담에서는 내담자와 상담사가 많은 질문을 주고받는다. 사람마다 변화 속도도 다르고 상담 목표도 다르기에 상담에는 특정한 법칙이 존재하지 않는다. 증상이 사라지기를 원하는 이도 있고 자신을 좀 더 깊이 분석하고 싶어 하는 이들도 있다.

내담자에 따라서는 상담이 종결되는 회기수도 다르다. 응급실까지 실려 갔던 공황 증상 내담자가 7회기 만에 증상이 사라지면서 종결되기도 하고, 더 깊은 분석과 변화를 위해 몇 년간 장기 상담을 하는 이들도 있다.

첫 면접 때는 주로 '언제 힘든가?', '그때 어떤 생각이 드는가?' 같은 질문을 한다. 아울러 가족 관계, 대인 관계, 발달 과정 등을 묻는다. 사람은 각자 자기만의 인지 도식이 있기에 여러 사람에게 한 가지의 답이 적용될 수는 없다. 상담실에서도 이 사람에게 적용되는 사례가 저 사람에게는 적용되지 않는 경우가 많다. 법륜 스님도 '즉문즉답'이 아니라 '즉문즉설', 즉 같이 이야기해보는 것이라고 했다.

내담자 중에는 남들이 부러워하는 학교, 직업을 가지고 있는 이들도 있다. 다시 말해 상담사보다 지식수준이 더 높을 수 있다. 책을 읽고 문제의 원인을 찾았고 어떤 생각이 잘못되었는지도 아는데 생각의 전환이 어려워 상담실로 오는 것이다.

상담 성과는 상담사보다 내담자의 역할이 크다. 상담에서 내담자가 이루고자 하는 목표와 의지가 중요하다. 상담의 주체인 내담자에게 적극적으로 참여하려는 의지가 필요하다. 그리고 내담자에게 통찰의 순간이 온다고 해도 변화는 여러 번의 훈습 과정을 거쳐야 한다. 내담자들이 변화하는 순간은 생각으로 알게 될 때만은 아니다. "이제 마음으로 와 닿아요." "뭔지 모르지만 사랑받는 느낌이 들어요." 이런 정서적 깨달음도 변화하는 순간이다.

상담에서 중요한 또 한 가지는 상담사와 내담자의 관계다. 적극적으로 경청하는 상담사가 있고 자신의 이야기를 하는 내담자가 있다. 때로 상담사는 내담자의 공격성까지도 버텨야 할 때가 있다. 영화 〈굿 윌 헌팅〉에서 상담사가 내담자를 안아주는 장면이 나오는데, 그렇게 되기까지는 내담자가 상담사를 격렬하게 비난하는 시간, 서로 갈등하는 시간도 있었다.

일상의 작은 혁명을 시작하다

심리학 책은 문제를 해결하기 위해 읽기보다는 자신에 대해 '알아차림'을 깨닫는 데 활용한다. 나는 내담자들에게 주로 '과거의 독백에서 벗어나 현재에 머물라'고 말한다. 자신의 내면이 하는 이야기를 잘 살펴보고 현실에 맞는지, 유연한 생각인지 찾아가는 것이다.

노예는 타성에 젖어 외부에서 주어진 삶을 살아간다고 니체는 말했다. 인간은 의미를 지닌 존재이고 스스로 의미를 만들어나갈 수 있다. 자신의 삶을 의미 있게 헤쳐나가는 사람은 결국 자기 삶에 책임을 지고 선택하는 사람이다. 그렇기에 변화를 위해서는 아주 작은 구체적인 행동이라도 스스로 하는 것이 중요하다.

내 삶이 누군가의 조언으로 완전히 달라질 것이라고 생각하지 말고 그 책에서 하나라도 배운 게 있다면 그걸 실천하면 된다. 운동에 대한 책을 아무리 읽어도 직접 운동을 하지 않는 이상 체력이 좋아지지는 않는다. 마찬가지로 심리학 책 중 한 문장만이라도 와 닿는 글이 있다면 직접 실천해보자.

예를 들어 불안이 높다면 책에 소개된 두려움을 벗어나는 행동을 아주 작은 것부터 하나씩 실천해보는 것이다. 과거의 기억이 떠오르면 기억을 억누르는 것이 아니라 애도 작업을 통해 당시의 정서를 바라봐야 한다. 슬픔이 있다면 실컷 우는 것도 도움이 된다. 부정적인 감정을 회피하지 않고 있는 그대로 수용하는 것부터 시작한다.

그렇게 일상의 작은 혁명은 직접 뛰어들어야 한다. 변화는 우리의 내면에서 시작된다. 내가 원하는 것이 무엇이고 욕망하는 것이 무엇인지, 숨겨진 잠재력이 무엇인지 찾아가는 사람은 결국 그것을 알아차리게 된다. 자기에게 맞지 않는 불편한 행동과 생각을 묵묵히 견디며 지내는 게 아니라 스스로 하고 싶은 일을 실현해나가는 것이다.

내 삶을 증언하는 삶

유대인 학살에서 살아남은 이들의 인터뷰를 엮은 테렌스 데 프레Terrence Des Pres의 《생존자: 죽음의 수용소에서의 삶의 해부》

를 보면, 수용소에서 끝까지 살아남은 사람들은 고통의 삶을 증언하기 위해 버틴 것이라는 구절이 있다. 힘든 시기에 어떤 사람은 견뎌내고 어떤 이들은 무너진다. 자신이 어떤 삶을 살아왔고 어떻게 살아가고 싶은지 고민하는 사람은 끝까지 살아남는다. 내가 책을 쓰는 이유는 내담자들에게서 배운 인생의 지혜를 나누고 싶기 때문이다. 상담을 하면서 자신의 이야기를 꼭 글로 남겨달라는 이들도 있었다.

당신이 심리학 책을 읽는 이유가 무엇인지 생각해보자. 행복해지고 싶다면 어려운 심리학 용어로 삶을 바꾸는 대신 행복의 양이 아니라 빈도가 중요하다는 것을 기억하자. 심리학 책을 읽어서 삶이 달라지지 않고 다이어트, 금연, 운동에 매번 실패해도 괜찮다. 또다시 결심하고 오늘 하루 소소하고 확실한 행복을 찾으면 된다. 심리학 책을 읽는 이유도 마찬가지다. 내가 그 책을 읽고 즐거우면 된다.

자판기에 돈을 넣으면 물건이 나오는 것처럼 심리학이 해결책을 주지는 못하지만 책을 통해 사람에 대한 이해를 늘려나갈 수는 있다. 물론 이때는 심리학 책이 아니라도 좋다. 소설을 읽고 사람들의 마음을 이해하고 내가 생각하는 방식을 벗어나보는 것도 도움이 된다. 세상에서 내가 이해하지 못할 사람들에 대한 이야기는 결국 하나로 모아진다. 우리가 너무나 다르고 다를지라도 하나의 인간으로 존중할 수 있다는 것이다.

상담사인 나 또한 심리학 이론으로 모든 사람을 알고자 하지 않는다. 사람을 알아가는 것은 다양한 방식이 있다. 분석하고 평가하기보다는 이해하고 존중하는 것부터 시작하면 된다. 나의 마음 또한 마찬가지다. 내 몸이 건강해지려면 음식을 관리하고 운동을 꾸준히 해야 하는 것처럼 마음의 변화에도 시간이 필요하다.

고구마 같은 인생에 사이다 같은 답을 주지 않는다고 해도 그들로부터 지혜를 얻겠다는 마음으로, 단 한 문장이라도 배우겠다는 겸손한 자세로 책을 읽으면 분명 도움을 얻을 것이다. 다 알고 있는 내용이라며 대충 훑는 식이라면 절대로 도움이 되지 않을 것이다. 동화 속 주인공은 괴물을 맞닥뜨렸을 때 여러 조언자들에게 도움을 얻는다. 첫 번째 병을 던져 실패하고, 두 번째 병을 던져 실패하고, 세 번째 병을 던져 겨우 괴물을 무찌른다. 그 수많은 실패들이 모여 결과를 만들어낸다.

인생은 죽을 때까지 문제투성이다. 한 문제가 해결된다고 해도 다른 문제가 뒤에서 기다리고 있다. 그러나 다른 사람들이 문제를 겪고 이겨나간 이야기는 깊은 지혜가 되어 다른 이들에게 별이 되어준다. 그렇게 어둠 속의 아픔들은 큰 빛이 된다.

삶이 아무리 깊고 어두울지라도 그 길을 혼자서 가는 게 아님을 기억하기 바란다. 《오디세이아》의 오르페우스가 힘든 모험을 끝내고 또다시 모험을 떠나듯, 누구나 고통과 아픔을 반복해서 경험한다. 그러나 그 고통 안에 당신에게 필요한 뭔가가 있을 것이다. 당신이 고통을 무찌르고 돌아올 때 심리학 책은 아리아드네의 실이 되어 길잡이가 되어줄 것이다.

이번 생이 망했다면 소소한 즐거움을

"당신의 삶에 즐거움이 늘어나기를."

'이생망.' '이번 생은 망했다'의 줄임말이다. '이생망'을 말하는 이들이 점점 많아지고 있다. 이 말은 죽어라 노력해봐야 원하는 대로 되지 않는 비정한 세상에서 더 이상 기대나 희망을 갖기가 어려운 세태를 반영한다. 사람들은 도전해서 세상을 조금씩 바꿔나가라고 말하지만 꿈같은 소리다. 대부분의 사람은 제 한 몸 추스르기도 벅차다. 그렇다면 이대로 끝일까? 행복은 정말 존재하지 않는 걸까?

완벽한 인생이란 게 있을까

영화 〈어 퍼펙트 데이〉를 보면서 이거 완전 '이생망'이라는 결론을 내렸다. 영화가 어찌나 지루한지 보다가 졸기까지 했다. 이 영화의 원작 소설을 쓴 작가는 '국경 없는 의사회' 출신이라고 했다. 인생에 정답이 어디 있을까. 영화는 이런 삶을 말한 것 같았다.

내용은 단순하다. 우물에 거구의 시체가 빠졌고 그래서 사람들은 우물물을 마실 수 없게 되었다. 우물에서 시체를 빼내려 했지만 실패했다. 이 어려움을 극복하기 위해서는 시체를 꺼낼 밧줄이 필요하다. 그래서 주인공들은 밧줄을 찾으러 간다.

그들은 밧줄을 구하기 위해 애쓰지만 밧줄을 구하러 간 곳에서 계속해서 거절당한다. 밧줄 가게 주인은 우물에 빠진 사람은 생전에 나쁜 짓을 저질렀기 때문에 밧줄을 팔 수 없다고 한다. 어떤 아이가 집에 밧줄이 있다고 해서 찾아갔지만 밧줄은 미친개에게 묶여 있었다. 그들은 수면제를 넣은 음식을 개에게 먹였지만 개의 정신은 더욱 또렷해질 뿐이었다. 개를 치우기 위해서 필요한 도구를 찾으러 갔을 때 그들은 밧줄을 찾았다. 아이의 부모가 밧줄에 목이 졸려 죽어 있었던 것이다. 누군가의 죽음이 누군가를 살리는 아이러니.

다시 우물로 돌아가는 길은 너무나 힘들었다. 지뢰가 있을지도 모르는 길들을 어떻게 걸어가야 할지 막막하다. 밤을 새우고 겨우 길을 뚫고 나가서 거구의 시체를 꺼내는 순간, 유엔군이 나타나서 밧줄을 끊어버린다. 이제 드디어 우물에 가서 시체를 구하고 마을 사람들이 감사한 마음으로 물을 마시는 그런 이야기를 상상했는데 더 노력해야 한단 말인가? 주인공들이 어려움을 이겨내는 성장 스토리는 없었다. 그렇게 애를 썼는데 모든 것이 무산됐다. 그러나 하늘에서 비가 내린다. 우물에 물이 넘쳐서 시체가 밖으로 나오고 마을 주민들은 그렇게 원하던 물을 마실 수 있게 되었다.

이번 생은 망했다는 당신에게

생각해보면 인생은 노력한다고 되는 게 아니다. 뜻대로 되지 않는 날은 더 많아지고 실패의 역사는 점점 더 늘어난다. 내가 만나는 이들도 그렇다. 뭔가 대단한 삶을 살지도 못할 것 같고, 이불 킥 하는 날이 늘고, 나만 부족한 것 같은 날이 아닌 날보다 많다. 새해가 되어 결심했지만 다이어트도, 금연도, 운동도 실패만 반복하는 인생. 그리고 보면 나 또한 세상의 힘든 이야기를 듣는 직업을 가진 사람이다. 글재주도 특별하게 없는 데다 어쩌면 책을 내느라 애꿎은 나무만 죽게 만드는지도 모른다. 그런 생각을 하면 한숨이 나올 때도 있다.

성공하기 위해 아무리 애를 써도 되지 않을 때가 있다. 그렇게 노력했는데 단번에 거절당하기도 한다. 현실은 많은 고통 가운데 있다. 누구나 크거나 소소한 아픔을 겪으며 살아간다. 그저 이야기하지 않을 뿐이다. 그래도 우리는 각자의 차를 타고 달려간다. 뜻대로 되지 않아도, 도중에 아픔이 있다고 해도 목적지를 향해 가야 한다.

소확행, 하루에 적어도 네 개의 즐거움을

영화는 지루했지만 내내 농담이 있어 좋았다. 삶은 아주 많은 씁쓸함 가운데 잠깐의 달콤함을 맛보는 건지도 모른다. 이 잠깐의 웃음이 있기에 힘든 하루를 용케 살아간다.

나도 한때 비를 간절히 기다렸던 때가 있었다. 농촌 봉사 활동을 갔는데 심각한 가뭄이었다. 낮에는 봉사 활동을 하고 밤에는 큰 대야에 가득 담은 막걸리를 고무신으로 마셨다. 트럭을 타고 이동하면서 일주일이 넘게 봉사 활동을 했다. 그리고 풍물패에게 배운 북을 두드리면서 기우제를 지내며 곳곳을 돌아다녔다. 여전히 비는 오지 않았고 밤새 개구리 소리만 요란했다. 그러다 마지막 날 거짓말처럼 비가 내렸고 우리는 모두 어깨춤을 추었다. 물론 기우제를 지내서 비가 온 게 아니라 비가 올 때가 되어 비가 왔을 것이다.

나는 간절히 기도했다. 원하던 대학원에 입학하기를, 졸업 논문을 무사히 발표하기를, 상담심리 전문가가 되기를, 임상 심리 전문가가 되기를, 첫 책이 나오기를, 상담실을 오픈하기를 기도했다. 그렇게 하나하나 이뤄갔다. 두려움을 이기고 하나씩 성취했지만 행복이 막 샘솟지는 않았다.

그때 에블린 비손 죄프루아Evelyne Bissone Jeufroy의 책 《하루에 적어도 네 개의 즐거움》을 읽게 되었다. 말 그대로 하루에 네 가지 즐거움을 느끼라는 것이다. 저자는 아침에 일어나면 좋아하는 음악을 듣고, 침대에서 아침을 먹고, 고양이 두 마리와 놀며, 신문을 읽는다고 한다.

특별한 처방전이 있는 것은 아니다. 불안하고 두려울 때 당신에게 즐거움으로 보상하라는 것이다. 마음을 잘 돌보고, 즐거운 일의 목록을 작성해서 실천해보자. 물론 불안을 없애고 증상을 사라지게 하는 것도 중요하다. 그러나 오늘 하루 모든 감각을 열고 즐기는 것이 무엇보다 중요하다.

이번 생은 망했다는 생각 때문에 오늘을 그냥 보내버리지는 말자. 나와의 소통, 자신을 위한 즐거움들이 늘어날 때 주변 사람들도 행복해질 수 있다. 하루 네 가지 즐거움을 누리는 것도 1, 2년 꾸준히 해야 가능하다. 인생은 불공평하며 뜻대로 되지 않는 일이 많다는 것을 받아들이고, 당신의 삶에 즐거움의 목록이 늘어나기를 바란다.

참고자료

제1장 마음을 들여다보는 일에 서툰 당신에게
나에게 관대해지는 자기자비 연습

1. 드라마 〈그녀는 예뻤다〉, 2015
2. 맥스 루케이도 글/세르지오 마르티네즈 그림, 《너는 특별하단다》You are Special, 고슴도치, 2002
3. 마리 프랑신 에베르 글/이자벨 말앙팡 그림, 《슬픔을 꽉 안아 줘》Gros Chagrin, Gros Calin, 걸음동무, 2013
4. 영화 〈검은 사제들〉, 2015
5. 영화 〈마녀 배달부 키키〉魔女の宅急便, 1989
6. 드라마 〈힘쎈여자 도봉순〉, 2017
7. 파울로 코엘료, 《베로니카 죽기로 결심하다》Veronika Decides to Die, 문학동네, 2003

제2장 관계를 맺는 일에 서툰 당신에게
관계 불안을 깨고 안전지대 넓히기

1.   영화 〈슬로우 비디오〉, 2014

2   드라마 〈따뜻한 말 한마디〉, 2013

3.   이부영, 《분석심리학》, 일조각, 2011

4.   게이버 메이트, 《몸이 아니라고 말할 때》When the Body Says No, 김영사,
     2015

5.   마스다 미리, 《아무래도 싫은 사람》どうしても嫌いな人, 이봄, 2013

6.   M. 스캇 펙, 《스캇 펙의 거짓의 사람들》People of the Lie, 비전과리더십,
     2007

7.   데이비드 스몰, 《바늘땀》Stitches, 미메시스, 2012

8.   영화 〈열세살, 수아〉, 2007

9.   존 브래드쇼, 《상처받은 내면아이 치유》Homecoming, 학지사, 2004

10. 드라마 〈하트 투 하트〉, 2015

제3장 부정적인 감정에 자주 휘둘리는 당신에게
온전한 나, 자존감을 높이는 힘

1. 매튜 존스톤, 《굿바이 블랙독》I Had a Black Dog, 생각속의집, 2015

2. 올리비아 아지몽·크리스토프 앙드레, 《올리비아의 공황장애 탈출기》 Ca N'a Pas L'air D'aller Du Tout!, 이숲, 2012

3. 영화 〈가타카〉Gattaca, 1997

4. 영화 〈아이언맨3〉Iron Man 3, 2013

5. 폴 투르니에, 《모험으로 사는 인생》The Adventure of Living, IVP, 2005

6. 로먼 크르즈나릭, 《인생학교｜일》School of Life: How to Find Fulfilling Work, 쌤앤파커스, 2013

7. 영화 〈어바웃 타임〉About Time, 2013

8. 노라 에프론, 《철들면 버려야 할 판타지에 대하여》I Remember Nothing, 반비, 2012

9. 드라마 〈굿바이 솔로〉, 2006

10. 고혜경, 《꿈에게 길을 묻다》, 나무연필, 2016

제4장 앞으로 나아가길 망설이는 당신에게
이유 없는 두려움에서 벗어날 용기

1. 영화 〈조이 럭 클럽〉 Joy Luck Club, 1993

2. 마르얀 사트라피, 《바느질 수다》 Broderies, 휴머니스트, 2011

3. 레이철 시먼스, 《소녀들의 심리학》 Odd Girl Out, 양철북, 2011

4. 안톤 체호프, 《귀여운 여인》 The Darling, 시공사, 2013

5. 드라마 〈디어 마이 프렌즈〉, 2016

6. 짐 로허 · 토니 슈워츠, 《몸과 영혼의 에너지 발전소》 The Power of Full Engagement, 한언출판사, 2004

7. 바이런 케이티 · 스티븐 미첼, 《네 가지 질문》 Loving What is, 침묵의향기, 2013

8. 영화 〈굿 윌 헌팅〉 Good Will Hunting, 1997

9. 테렌스 데 프레, 《생존자》 The Survivor, 서해문집, 2010

10. 영화 〈어 퍼펙트 데이〉 A Perfect Day, 2017

11. 에블린 비손 죄프루아, 《하루에 적어도 네 개의 즐거움》 Quatre plaisirs par jour, au minimum!, 초록나무, 2011